말이 트이는 한국어

이화여자대학교 언어교육원
Ewha Language Center
Ewha Womans University

Pathfinder in Korean
Beginning
Workbook

이화여자대학교출판부
Ewha Womans University Press

Pathfinder in Korean I
Workbook

By Ewha Language Center of Ewha Womans University
Telephone: 82-2-312-0067, 82-2-3277-3182~3184
Fax: 82-2-3277-2855

Published by Ewha Womans University Press
11-1 Daehyun Dong, Suhdaemun Gu, Seoul 120-750, Republic of Korea
Telephone: 82-2-3277-3164, 82-2-362-6076
Fax: 82-2-312-4312
E-mail: press@ewha.ac.kr
Online Bookstore: www.ewhapress.com

First published 30 March, 1999
Eighth printing 28 July, 2006

Printed in Korea

Book Design: Ewha Language Center of Ewha Womans University
Textbook Committee: Yoon-Ho Hyun, Mi-Hye Lee, Seong-Hee Ahn, Hey-Wone Kim, Yoon-Kyung Bae, and Hyun-Jin Kim
Cover Design & Layout: Neo Communication
Illustrator: Hyun-Joo Kim

Copyright © 1999 by Ewha Womans University Press and Ewha Language Center of Ewha Womans University

All rights reserved. No part of this book or recordings thereof may be reproduced, stored in a retrieval system or transmitted in any form or means, electronic, mechanical, photocopying, recording or otherwise, without prior written permission from the copyright owner.

ISBN 89-7300-371-2 14710
ISBN 89-7300-456-5 18710 (English set)
ISBN 89-7300-458-1 18710 (Japanese set)

책을 펴내면서

이화여자대학교 언어교육원에서 "외국어로서의 한국어"를 교육하기 시작한 것은 1988년부터였습니다. 지난 10여년 동안 여러 선생님들의 노력과 현장 교육 경험을 바탕으로 교재의 집필·편찬이 계속되어 왔습니다. 그 결과 12권의 책(교재 6권, 숙제 6권)을 처음 선보인 것이 1990년이었습니다. 그 이후 몇 차례의 수정 작업을 거쳐서 마침내 좀더 바람직한 내용과 모습의 교재 다섯 권과 숙제 다섯 권의 책을 발간하게 되었습니다. 그리고 그 중 제1권과 제2권의 제목을 『말이 트이는 한국어』로 하였습니다. 영어의 명칭도 붙여야 한다고 생각하여 그 이름을 *Pathfinder in Korean*으로 하였습니다.

외국어 학습은 교실에서의 교육만으로는 충분하지 않다는 것을 잘 알고 있습니다. 교실에서 배운 것을 확장하고 응용하여 실제의 상황에서 적절하게 활용할 수 있도록 하는 것은 배우는 사람 자신의 몫이라고 생각합니다. 상황과 주제에 따라 언어를 적절히 사용할 수 있어야만 그 언어가 자기의 것이 된다고 믿습니다. 이를 위하여 『말이 트이는 한국어』의 동반자가 될 *Pathfinder in Korean: Workbook*을 마련하였습니다. 이 책을 가지고 『말이 트이는 한국어』에서 학습한 내용을 확장하고 더 넓은 실제 "상황" 속의 표현들을 활용할 수 있게 되기를 바랍니다. 인간만이 향유하는 언어의 특징은 그 "창의성"에 있습니다. 의미의 무한한 세계를 무한한 문장으로 표현할 수 있는 것이 언어입니다. 제한된 낱말과 문장만 익히는 데서 끝나면 언어의 창의적인 사용 능력을 얻었다고 할 수 없습니다. *Pathfinder in Korean: Workbook*이 창의적 언어 활용 능력을 얻는 데 큰 도움이 되리라고 믿습니다.

그 동안 이 책을 만드는 데 애를 많이 쓰신 언어교육원의 선생님들, 행정적인 지원을 아낌없이 해 주신 언어교육원의 직원들, 그리고 네오콤과 이화여자대학교 출판부 여러분의 노고를 치하합니다. 책의 이론적 바탕을 마련하여 주신 오석봉 교수에게 각별한 고마움을 전하고 싶습니다.

1999년 2월 27일

이화여자대학교 언어교육원
원장 이 승 환

숙제 책 구성

	▶문법 및 구조	▶기능
제 1 과 소 개	· 수(數, number) I · 주격 조사: -이/가 · 수와 단위를 나타내는 의존명사 I · 의문대명사 I · 'NOUN+이다'의 현재형 · 명령문 I	· 수 읽기 · 수 세기 · 개인 정보 얻기 · 교실 용어 익히기 · 소개하기

제 2 과
하루 일과
	· 수(數, number) II
	  ①날짜
	  ②시간
	· 현재 시제 I: -(스)ㅂ니다/(스)ㅂ니까?
	· 시간의 부사격 조사: -에
	· 의문대명사 II: 언제, 어디
	· 보조사: -부터 -까지
		· 날짜 말하기
		· 시간 말하기
		· 일정표를 보고 정보 구하기
		· 하루 일과 말하기
		· 초대하기
		· 초대장, 봉투 쓰기

제 3 과 집	· 처소의 부사격 조사: -에 · -에 있습니다/있습니까? · 방향의 부사격 조사: -(으)로	· 물건의 위치 말하기 · 건물의 위치 말하기 · 정보 구하기 · 약속하기 · 방향 지시하기
제 4 과 가 족	· 소유격 조사: -의 · 지시대명사 · 수(數, number) III · 의문대명사 III	· 소유 관계 묻고 대답하기 · 가족 관계 말하기 · 가족 소개하기 · 개인 정보 얻기
제 5 과 주 말	· 부사: 보통, 가끔 · 현재 시제 II · 부정(否定, negative)형 I: 안+V · 비격식체: -어/아요	· 주말에 하는 일 말하기 · 주말 약속하기 · 일상 생활 말하기 · 비격식적 구어체 익히기 · 설문 조사 보고하기
제 6 과 여 행	· 처소의 부사격 조사: -에서 · 부사와 시제 · 과거 시제 · N+때 · N+전에/후에 · V+-기 전에, V+-(으)ㄴ 후에/다음에	· 개인 정보 얻기 · 달력 보고 정보 얻기/정보 주기 · 여행 경험 말하기 · 개인 경험을 일기로 쓰기 · 역사적 사실에 대한 정보 얻기 · 이웃에 대한 정보 얻기 · 의심스러운 사실 확인하기
제 7 과 교 통	· 수단의 부사격 조사: -(으)로 · 보조사: -에서(부터) -까지 · 부정(否定, negative)형 II: -지 않다 · 아직+부정(否定) · 미래 시제	· 교통 수단 이용하는 정보 얻기/정보 주기 · 주말 계획표를 통한 정보 얻기 · 인생 계획 기술하기 · 휴가 계획 말하기 · 교통 수단 예약하기
제 8 과 쇼 핑 1	· 단위 의존명사 II · 수(數, number) IV · 열거격 조사: N+와/과+N, N+하고+N · 여격 조사: -에게(한테), -에 · 희망의 보조형용사: -고 싶다 · 높임말	· 수 세기 · 가격 말하기 · 희망 사항 말하기 · 높임말 익히기 · 물건 사기 · 조언 구하기

▶어휘	▶상황 표현	▶과제 학습 내용
• 취미 • 국명, 국적, 언어 • 낱말 맞추기	• 인사 나누기	• 처음 만난 사람과 인사 나누기 • 첫 수업에서 자신을 소개하기 • 다른 사람에게 친구를 소개하기 • 파티에서 서로 인사 나누기
• 우체국에서 사용하는 어휘 • 일상 생활 어휘 • 낱말 맞추기	• 전화하기 • 인사하기	• 하루 일과 묻고 답하기 • 하루 일과 쓰기 • 전화로 초대하기 • 초대장 쓰기 • 우체국에서 초대장 보내기

• 장소 • 가구 이름
• 집안의 명칭
• 위치를 나타내는 말
  (위, 밑, 안, 옆, 앞, 뒤, 건너편, 사이, 모퉁이)
• 낱말 맞추기
	• 모르는 사람에게
	  길 묻기
	• 감사 표현하기
		• 병원에서 병실 찾기
		• 약속 시간·장소 정하기
		• 물건 놓을 위치 말하기

• 직업 • 가족 관계 • 소지품 명칭 • 낱말 맞추기	• 물건의 주인 찾기 • 가족 소개하기: 나이 묻기	• 잃어버린 물건 찾아 주기 • 신입 사원에게 정보 주기 • 가족 소개하기
• 요일 • 설문 조사 용어 • 일상 생활에서 필요한 다양한 어휘 • 낱말 맞추기	• 제안하기 • 약속하기: 장소 묻기	• 친구와 주말 약속하기 • 설문 조사 보고하기 • 전업 주부와 맞벌이 주부의 일상 생활 말하기

• 관광지에서
• 전공
• 일상 생활 어휘
• 날(하루, 이틀 …)
• 낱말 맞추기
	• 첫인사 나누기
	• 정보 얻기:
	  일의 목적이나
	  이유 묻기
		• 이사온 이웃과 인사 나누기
		• 여름 휴가에 대해 말하기
		• 남자 친구의 거짓말 확인하기

• 지하철역 표지 • 교통 수단 • 낱말 맞추기	• 정보 얻기: 소요 시간 • 정보 얻기: 이름 • 인사하기	• 여행지의 노선 알아내기 • 전화로 기차표 예약하기 • 휴가 계획 말하기
• 생일 선물 • 친족 • 통화 단위 • 액세서리 • 낱말 맞추기	• 용건 묻기 • 가격 흥정하기 • 추천하기	• 가게에서 물건 사기 • 영화관에서 영화표 사기 • 할머니 생신 선물에 대한 조언 구하기 • 생신 선물 사기

	▶문법 및 구조	▶기능
제 9 과 능 력	· 능력·가능의 보조형용사: -(으)ㄹ 수 있다/없다 · 접속부사Ⅰ: 그리고, 그렇지만, 그래서 · 보조사: -은/는, -도, 만	· 개인의 능력이나 재능 말하기 · 일의 가능성, 불가능성 묻고 대답하기 · 이유 말하기 · 물건의 기능 묻고 대답하기
제 10 과 쇼 핑 2	· 명령문Ⅱ · 서수 · -(으)면 안 된다	· 일상 생활에서 볼 수 있는 표지 익히기 · 명령, 요청하기 · 금지시키기 · 상품 주문하기 · 길찾기 · 정보 얻기
제 11 과 전화와 생활	· 전화 표현 · 확인의문문: -지요? · -을/를 위해서 · 봉사의 보조동사: -어/아 주다 · 요청문: -어/아 주시겠습니까? · 어미의 축약형: -요(-에요, -에서요, -에게요…)	· 전화하기/전화 받기 · 알고 있는 사실 확인하기 · 도움 요청하기 · 정중하게 요청하기 · 간략하게 대답하기 · 전화로 메모 남기기
제 12 과 옷	· 형용사의 관형형: -(으)ㄴ/는 · 상태 진행의 보조동사: -고 있다 · 의문대명사Ⅳ: 무슨, 어떤	· 색이름 말하기 · 상황에 어울리는 옷과 소품 말하기 · 사람의 외모, 물건 묘사하기 · 가족의 취향 소개하기 · 옷차림 기술하기 · 쇼핑하기
제 13 과 날 씨	· 예측의 '-겠-' · 조건의 연결어미: -(으)면 · 선택의 보조사: -(이)나 · 선택의 연결어미: -거나 · 출처의 부사격 조사: -에서/-에게서	· 계절과 날씨 기술하기 · 사건에 대한 추측 말하기 · 일기 예보를 보고 기술하기 · 주말 계획과 여가 생활에 대한 정보 얻기/정보 주기 · 소식의 출처 말하기 · 날씨에 대한 정보 얻기/정보 주기 · 옷차림 조언하기 · 계획 변경하기
제 14 과 사회 생활	· 청유의문문: -(으)ㄹ까요? · 청유문: -(으)ㅂ시다 · 접속부사Ⅱ: 그러니까, 그러면 · 의무의 보조동사: -어/아야 하다 · 부정형Ⅲ: -지 않아도 되다	· 제안하기 · 제안의 이유 말하기 · 조언하기 · 약속하기 · 선택하기
제 15 과 취 미	· 동사의 명사형: -기, -는 것 · 의도의 보조동사: -(으)려고 하다 　　　　　　　　 -(으)려고 했다	· 취미 묻고 말하기 · 여가 생활 묻고 말하기 · 계획 말하기 · 개인 정보 얻기

▶어휘	▶상황 표현	▶과제 학습 내용
· 운동 · 악기 · 낱말 맞추기	· 인사하기 · 사과하기	· 소형 녹음기의 기능 묻고 말하기 · 인터뷰 때 개인의 능력 말하기 · 파티에 가지 못한 이유 말하기
· 전자 제품 · 세탁 표지 · 교통 표지판 · 거리에서 · 낱말 맞추기	· 사과하기 · 쇼핑하기 · 부탁하기	· 전화로 냉장고 주문하기 · 전화로 길찾기 · 냉장고 설치에 대한 주의 사항 묻고 말하기 · 옷 세탁에 대한 주의 사항 묻고 말하기
· 전화 용어 · 전화 번호 · 낱말 맞추기	· 전화하기 · 정중하게 길 묻기	· 선생님께 전화로 연락하기 · 전화로 메모 남기기 · 전화로 집안일 부탁하기
· 색 · 옷과 소품 · 낱말 맞추기	· 쇼핑하기 · 물건 추천하기	· 상대방에게 자신의 인상 착의 설명하기 · 백화점에서 마음에 드는 옷 사기 · 유실물 센터에서 잃어버린 가방 찾기
· 계절과 날씨 · 낱말 맞추기	· 물건 찾기 · 정보 주기 · 제안에 동의하기	· 일기 예보에 따른 옷차림 등을 조언하기 · 날씨에 따른 휴가 일정 변경하기 · 한국의 여름 날씨에 대한 정보 얻기
· 영화 종류 · 숙박 시설 · 낱말 맞추기	· 제안하기 · 상대방 의견에 동의하기	· 영화 구경 제안하기 · 동료의 제안 거절하기 · 휴가 여행 제안하기 · 데이트 신청하기
· 영화 종류 · 취미 · 낱말 맞추기	· 느낌 표현하기: 감탄 · 상대방 의견에 동의하기	· 취미가 비슷한 친구와 주말 약속하기 · 즐겨 보는 영화에 대해 말하기 · 여가 활동 클럽 선택에 대한 조언하기/조언 구하기

스스로 배우는 한국어 1

차 례

책을 펴내면서	iii
숙제 책 구성	iv
Michael's First Step in Learning Korean	xi
쓰기 연습	xiii

제 1 과	소개	1
제 2 과	하루 일과	12
제 3 과	집	24
제 4 과	가족	32
제 5 과	주말	41
제 6 과	여행	49
제 7 과	교통	63
제 8 과	쇼핑 1	75
제 9 과	능력	86
제 10 과	쇼핑 2	96
제 11 과	전화와 생활	107
제 12 과	옷	119
제 13 과	날씨	127
제 14 과	사회 생활	139
제 15 과	취미	150

정답	161
동사 활용표	194

Michael's First Step in Learning Korean

I'm Michael from the United States of America. I came to Korea to learn the Korean language, and I've studied in the Institute of Language Education of Ewha Womans University enjoying a variety of peoples from different cultures. I'm having a lot of fun really.

Aren't you curious about how Korean is different from English? Maybe you are, and I'm going to quench your curiosity by explaining the two major differences: one of "word order" and the other of "social function" of a sentence. First about word order, it's very important to know that unlike English the order of words in a sentence does not necessarily make any difference in meaning in Korean, and the reason is because special "particles" are used in the Korean language. Look at the following examples:

마이클은 제니퍼를 좋아합니다.
제니퍼를 마이클은 좋아합니다.

As you see, the words are ordered differently in the two sentences. In spite of the difference of word order, however, the two sentences mean the same thing due to the different positions of the two particles of 은(/ɨn/, a particle of "special subject") and 를(/lɨl/, a particle of object case). The sentences have the same predicate('좋아합니다' = 'likes'), which is always placed at the end of a sentence, and, with the predicate at the same place, the change of locations of the words, between 마이클은('Michael-ɨn') and 제니퍼를('Jennifer-lɨl'), makes no difference in meaning.

제니퍼 is an intellectual woman, and I'm very interested in what she likes and dislikes, what she enjoys doing, and so on. I know that she likes flowers, and among them she likes roses the most. So I'm going to give her a bouquet of roses for her birthday. Let me talk about particles with the sentences regarding Jennifer's birthday and her birthday presents. Look at the following sentences:

제니퍼는 꽃을 좋아합니다.
특히 장미를 좋아합니다.

In these two sentences, 을(/-ɨl/) and 를(/-lɨl) are particles that determine 꽃(/kʼot/= 'flower') and 장미(/caŋmi/= 'rose') as the objects, so they are called object particles(/ɨl/ is used when the preceding noun ends in a consonant, whereas /lɨl/ is used when the preceding noun ends in a vowel). Jennifer invited some of her classmates including me to her birthday party, and all of them prepared presents for her. Regarding this fact, look at the following sentences:

제니퍼가 친구들을 초대했습니다.
친구들이 제니퍼에게 선물을 주었습니다.

In these sentences, 이(/i/) and 가(/ka/) are particles that determine 제니퍼 and 친구들(친구 = 'friend'; /-tɨl/ = particle for plurality) as the subjects, so they are called subject particles(/i/ is used when the preceding noun ends in a consonant, whereas /ka/ is used when the preceding noun ends in a vowel).

Now let me talk about predicate. As mentioned earlier, the predicate is placed at the end of a sentence. In question statements the declarative morpheme 다(/-ta/) chages to the question morpheme of 까(/k'a/) at the end of the sentence. In order to find out about Jennifer, you can ask as follows:

제니퍼는 꽃을 좋아합니까?
제니퍼는 마이클을 좋아합니까?

In an English sentence, the verb varies according to the subject and number. Such is not the case in Korean. In other words, the subject and number do not affect the verb as demonstrated as follows:

우리는 오늘 제니퍼의 집에 갑니까?
선생님은 오늘 제니퍼의 집에 갑니까?

Concerning the social function in Korean, there is a very important thing to bear in mind. Some days ago I asked a Korean woman who is older than I, "지금 몇시야?(= 'What time is it?')", as a Korean friend of mine would ask me. She was shocked to hear it, and taught me not to say that to a stranger or an older person because I sound very rude that way. As is well known in English, regardless of someone's age, seniority, or position, we use 'you' without being afraid of rudeness or something like that. In Korean, you must be very careful about using 'you' that can be translated as "너"(/nɔ/) which is usually used between people who are close to each other. So to an older person in Korean they usually use titles instead of 'you' and formal particles as follows:

아주머니, 지금 몇 시입니까?

In this sentence, 아주머니 means 'ma'am,' and 입니까 is a "sentence ending" that is used in a formal question statement.

There are of course a lot more differences between English and Korean, and I'm still learning. I have often been embarrassed by mistakes I've made because of my lack of knowledge of and understanding about the Korean language and culture, but I've enjoyed learning something new. As far as Korean is concerned, I'm still in infancy. Why don't you join me to explore the Korean language in *Pathfinder in Korean*.

쓰기 연습

1. 모음

ㅏ	ㅏ				
ㅑ	ㅑ				
ㅓ	ㅓ				
ㅕ	ㅕ				
ㅗ	ㅗ				
ㅛ	ㅛ				
ㅜ	ㅜ				
ㅠ	ㅠ				
ㅡ	ㅡ				
ㅣ	ㅣ				

애	애				
얘	얘				
에	에				
예	예				
와	와				
왜	왜				
외	외				
워	워				
웨	웨				
위	위				
의	의				

2. 자음

ㄱ	ㄱ	ㄱ	ㄱ	ㄱ	ㄱ
ㄴ	ㄴ	ㄴ	ㄴ	ㄴ	ㄴ
ㄷ	ㄷ	ㄷ	ㄷ	ㄷ	ㄷ
ㄹ	ㄹ	ㄹ	ㄹ	ㄹ	ㄹ
ㅁ	ㅁ	ㅁ	ㅁ	ㅁ	ㅁ
ㅂ	ㅂ	ㅂ	ㅂ	ㅂ	ㅂ
ㅅ	ㅅ	ㅅ	ㅅ	ㅅ	ㅅ
ㅇ	ㅇ	ㅇ	ㅇ	ㅇ	ㅇ
ㅈ	ㅈ	ㅈ	ㅈ	ㅈ	ㅈ
ㅊ	ㅊ	ㅊ	ㅊ	ㅊ	ㅊ

ㅋ	ㅋ	ㅋ	ㅋ	ㅋ	ㅋ
ㅌ	ㅌ	ㅌ	ㅌ	ㅌ	ㅌ
ㅍ	ㅍ	ㅍ	ㅍ	ㅍ	ㅍ
ㅎ	ㅎ	ㅎ	ㅎ	ㅎ	ㅎ
ㄲ	ㄲ	ㄲ	ㄲ	ㄲ	ㄲ
ㄸ	ㄸ	ㄸ	ㄸ	ㄸ	ㄸ
ㅃ	ㅃ	ㅃ	ㅃ	ㅃ	ㅃ
ㅆ	ㅆ	ㅆ	ㅆ	ㅆ	ㅆ
ㅉ	ㅉ	ㅉ	ㅉ	ㅉ	ㅉ

3. 연습

모자　　　　　나무　　　　　우유

어머니　　　　아버지　　　　기차

귀　　　　　　가위　　　　　돼지

시계　　　　　토끼　　　　　쓰레기

꽃　　　　　　빵　　　　　　부엌

숟가락　　　　옷　　　　　　편지

제 1 과 소개

문법 및 구조 (Grammar Focus)

◆ 수 (數, number) I ◆

0	1/2	1/4	2/3	0.5	10.04	5%	7°C
영/공	이분의 일	사분의 일	삼분의 이	영점 오	십점 공사	오 퍼센트	섭씨 칠도

수를 한국말로 읽어 보십시오.

1. 312-3182

   삼일이에 삼일팔이

2. 896-1534

3. 012-151-7368

4. 011-214-8091

5. 서울 3소 5068

3. 8

◆ 주격 조사 (主格助詞, subject particle): -가, -이 ◆

'-가, -이'는 명사나 대명사에 붙어서 문장의 주어를 나타내는 주격 조사(主格助詞, subject particle)이다.

- **모음**(母音, vowel) + **가**: 사과가 있습니다.
- **자음**(子音, consonant) + **이**: 사람이 있습니다.

◆ 수와 단위를 나타내는 의존명사 I ◆

| 1(하나) | 2(둘) | 3(셋) | 4(넷) | 5(다섯) |
| 6(여섯) | 7(일곱) | 8(여덟) | 9(아홉) | 10(열) |

개 個   마리 匹   사람/명 人   장 枚

A: 사과가 몇 **개** 있습니까?
B: 사과가 네 **개** 있습니다.

한 개 있습니다.
두
세
네
다섯
여섯
일곱
여덟
아홉
열

다음 그림을 보고 _____에 맞게 답하십시오.

1. 사람이 **다섯 명** 있습니다.
   아이가 _____ 있습니다.

2. 개가 _____ 있습니다.

3. A: 고양이가 네 마리 있습니까?
   B: 아니요, _____ 있습니다.

4. A: 사과가 몇 개 있습니까?
   B: 사과가 _____ 있습니다.

5. A: _____ 몇 장 있습니까?
   B: 여섯 장 있습니다.

6. A: _____ 몇 장 있습니까?
   B: 세 장 있습니다.

◆ 의문대명사 (疑問代名詞, wh-questions) I ◆

| 누구 | 무엇 | 어디 | 왜 | 무슨 ㈐ | 어떤 | 어느 |

誰　　何　　どこ　どうして　何の(物)　どんな(人)　どれ

I. 질문에 맞는 답을 찾아 연결하십시오.

1. 이름이 무엇입니까? • • ① 일본 사람입니다.
2. 어느 나라 사람입니까? • • ② 컴퓨터 회사에 다닙니다.
3. 무슨 일을 합니까? • • ③ 일 때문에 왔습니다.
4. 어디에서 삽니까? • • ④ 리처드 맥입니다.
5. 왜 한국에 왔습니까? • • ⑤ 신촌에서 삽니다.

II. 질문을 만드십시오.

1. **어디**에서 왔습니까?　　　　　　　　　　　일본에서 왔습니다.

2. _____ 한국에 왔습니까?　　　　　1998년 3월에 왔습니다.

3. 전화 번호가 _____ 입니까?　　　　　312-7649입니다.

4. _____ 일을 합니까?　　　　　대사관에 다닙니다.

5. _____ 나라 사람입니까?　　　　프랑스 사람입니다.

6. _____ 한국에 왔습니까?　　　한국말을 배우러 왔습니다.

III. 다음은 소개의 글입니다. 다음을 읽고 표에 맞게 답하십시오.

- 제니퍼 윌슨은 미국에서 왔습니다. 한국에서 한국말을 공부합니다. 신촌에서 친구와 같이 삽니다.

- 다나카 하나코입니다. 전화 번호가 797-9582입니다. 회사에 다닙니다. 서울 동부이촌동에서 가족과 같이 삽니다.

- 프랑스 사람입니다. 대사관에서 일합니다. 인천에서 삽니다. 혼자 삽니다.

- 엔리코 보세티입니다. 이탈리아에서 왔습니다. 전화 번호가 3431-7305입니다. 교수입니다. 대학교에서 이탈리아어를 가르칩니다. 잠실에서 삽니다.

이름	나라	전화 번호	직업	사는 곳
제니퍼 윌슨	미국	352-6674	학생	① _____
② _____	일본	③ _____	④ _____	동부이촌동
다니엘 베렝	⑤ _____	(032) 542-7305	⑥ _____	인천 부평동
⑦ _____	이탈리아	3431-7305	⑧ _____	잠실

◆ 'NOUN+이다'의 현재형 (present of *be*) ◆

	긍정(肯定, positive)	부정(否定, negative)
	N+이다	N+이/가 아니다
평서문	입니다	모음+가 아닙니다 자음+이 아닙니다
의문문	입니까?	모음+가 아닙니까? 자음+이 아닙니까?

· 우표입니다.　　　　　　　· 우표가 아닙니다.
· 책상입니다.　　　　　　　· 책상이 아닙니다.

Ⅰ. 다음을 읽고 _____에 맞게 답하십시오.

1. **등록 신청서**
이 름 : 앨리슨 스미스
생년월일 : 1978년 10월 5일
국 적 : 호주
성 별 : 남 /여
현 주 소 : 서울시 서대문구 대현동 럭키아파트 105동 203호
여권번호 : L1001646

A: 누구입니까?

B: **앨리슨 스미스입니다.**

A: _____사람입니까?

B: 네, _____.

2. 마크 베렝

A: 누구입니까?

B: _____.

A: 프랑스 사람입니까?

B: 네, _____.

3. **자동차운전 면허증**
성 명 : 김민수
국 적 : 대한민국
주 소 : 서울 서대문구 대현동 럭키아파트 7동 304호
주민등록번호 : 620425-1008759
면허번호 : 서울89-036736-90
교부일자 : 2003. 02. 17
적성검사기간 : 2006. 03. 03 - 2006. 06. 02
면허의 조건
서울지방경찰청장
소지 면허 : 2종 보통

A: 누구입니까?

B: _____.

A: 중국 사람입니까?

B: 아니요, _____.

II. 그림을 보고 쓰십시오.

1. 
A: 무엇입니까?
B: **지갑입니다.**

2. 
A: 무엇입니까?
B: _____.

3. 
A: 책입니까?
B: 네, _____.

4. 
A: 편지입니까?
B: 아니요, _____.
엽서입니다.

5. 
A: _____?
B: 네, 전화입니다.

6. 
A: 공책입니까?
B: 아니요, _____.
사전입니다.

◆ 명령문 (命令文, imperatives) I ◆

> 모음+세요: 책을 펴세요.
> 자음+으세요: 책을 덮으세요.

다음 그림을 보고 〈보기〉에서 맞는 번호를 찾아 쓰십시오.

1. ③

2. _____

3. _____

4. _____

5. _____

〈보기〉
① 책을 펴세요.
② 책을 덮으세요.
③ 공책에 쓰세요.
④ 잘 들으세요.
⑤ 선생님을 따라 읽으세요.
⑥ 크게 말하세요.
⑦ 일어서세요.
⑧ 대답하세요.

어휘 (Vocabulary Focus)

취미

I. 취미가 무엇입니까?

1. 여행하기

2. _____

3. _____

제 1 과 7 소개

Ⅱ. 맞는 답을 쓰십시오.

| 가다   다니다   보다   살다   오다   만나다 |

1. 우리 집은 신촌에 있습니다.   →   신촌에서 **삽니다**.
2. 회사에서 일합니다.   →   회사에 _____.
3. 나는 영화를 자주 봅니다.   →   취미는 영화_____ 입니다.

| 국명   국적   언어 |

Ⅲ. 어느 나라에서 왔습니까? 어느 나라 사람입니까? 다음 표를 완성하십시오.

나라	사람	언어
• 캐나다	• 캐나다 사람	• 영어
• 미국	• (　　　　)	• 영어
• 멕시코	• 멕시코 사람	• (　　　　)
• 브라질	• 브라질 사람	• (　　　　)
• 중국	• 중국 사람	• (　　　　)
• 한국	• (　　　　)	• 한국어
• 일본	• 일본 사람	• (　　　　)
• (　　　　)	• 호주 사람	• 영어
• 뉴질랜드	• 뉴질랜드 사람	• (　　　　)
• 러시아	• 러시아 사람	• (　　　　)
• 스웨덴	• 스웨덴 사람	• (　　　　)
• (　　　　)	• 독일 사람	• 독어
• 프랑스	• 프랑스 사람	• 프랑스어(= 　　　　)
• 이탈리아	• (　　　　)	• 이탈리아어
• 스페인	• (　　　　)	• 스페인어
• (　　　　)	• 헝가리 사람	• 헝가리어
• 이집트	• 이집트 사람	• (　　　　)
• 사우디아라비아	• (　　　　)	• 아랍어
• 필리핀	• 필리핀 사람	• (　　　　)
• 영국	• (　　　　)	• 영어

Ⅳ. 낱말 맞추기

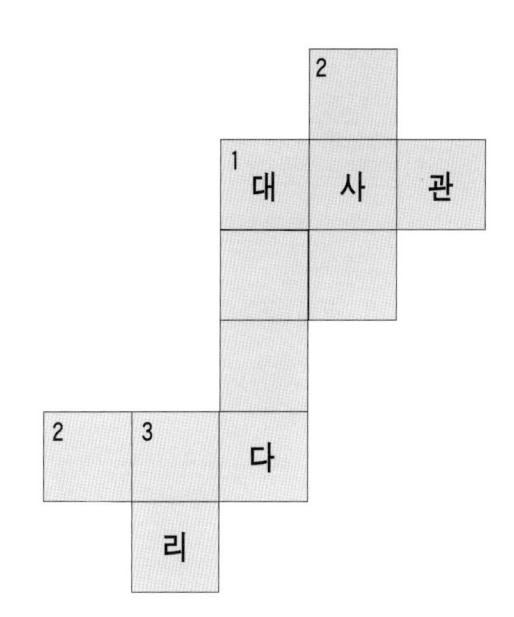

			2
	1 대	사	관
2	3		다
	리		

• 동사(動詞, verb)는 기본형(基本形, basic form)을 쓰십시오.

가로

1. 저는 호주에서 왔습니다. 호주 _____에 다닙니다. 대사관 직원입니다.
2. 저는 미국 사람입니다. 지금 한국에서 한국말을 _____.

세로

1. 선생님: 여러분, 제가 질문하면 크게 _____.
2. 마이클: 제임스씨, 무슨 일을 합니까?
   제임스: 한국 회사에 다닙니다. _____입니다.
3. _____ 반에는 일본 사람이 두 명, 미국 사람이 세 명 있습니다.

상황 표현 (Function Focus)

인사 나누기

1. 제임스는 파티에서 사라를 소개받았습니다. 어떻게 인사할까요?

   마이클: 이쪽은 제 동생 사라입니다.
   제임스: _____? 저는 제임스 라이언입니다.
   사라:　 안녕하세요? 제임스 씨. 만나서 반갑습니다.

   　　　(1) 안녕　　　　　　　　(2) 안녕하십니까

2. 오늘은 금요일입니다. 그래서 내일은 학교에 안 옵니다. 수업 후에 마이클은 친구에게 어떻게 인사하겠습니까?

   마이클: 민호 씨, _____.
   민호:　 마이클 씨도요. 월요일에 만나요.

   　　　(1) 주말을 즐겁게 보내세요　　　(2) 주말에 오지 마세요

대화 (Sample Dialogs)

Ⅰ. 다음을 읽고 답하십시오.

> 김민호: 안녕하십니까? 저는 김민호입니다.
> 다나카 신지: 안녕하십니까? 저는 다나카 신지입니다. 만나서 반갑습니다.

1. 두 사람은 처음 만났다.

    네_____ 아니오_____

2. 두 사람은 친한 친구다.

    네_____ 아니오_____

3. '저는 다나카 신지입니다' 와 같은 표현은 무엇입니까? _____에 맞는 것을 고르십시오.

    제 _____ 은 다나카 신지입니다.

    (1) 이름   (2) 성함

Ⅱ. 다음을 읽고 답하십시오.

> 안녕하십니까? 저는 마이클 로렌스입니다. 미국에서 왔습니다. 컴퓨터 회사에 다닙니다. 신촌에서 삽니다. 여행하기와 수영하기를 좋아합니다. 제 취미는 그림 그리기입니다. 여러분을 만나게 되어서 반갑습니다.

1. 언제 이렇게 말합니까?

    (1) 소개할 때   (2) 회의할 때

2. 마이클은 컴퓨터 회사에서 일한다.

    네_____ 아니오_____

3. 마이클의 취미는 무엇입니까?

    _____

Ⅲ. 다음을 읽고 답하십시오.

> 마이클: 안녕하십니까?
> 선생님: 안녕하세요? 마이클 씨!
> 마이클: 선생님, 제 친구입니다. 리처드 씨, 우리 한국어 선생님입니다.
> 리처드: 안녕하십니까? 저는 리처드 맥입니다.
> 선생님: 안녕하십니까? 리처드 씨! 만나서 반갑습니다.

1. 선생님이 리처드를 소개한다.

   네_____   아니오_____

2. 선생님은 마이클을 잘 안다.

   네_____   아니오_____

3. 선생님은 학교에 있습니다. 학교에서 일하고 있습니다. 마이클은 집에 갑니다. 헤어질 때 선생님께 어떻게 말합니까?

   선생님: 안녕히 가세요. 마이클 씨, 내일 만납시다.
   마이클: _____.

   (1) 안녕히 계세요   (2) 안녕히 가세요

Ⅳ. 다음을 읽고 답하십시오.

> 엔리코 보세티: 안녕하십니까? 저는 엔리코 보세티입니다.
> 김민호: 안녕하십니까? 저는 김민호입니다. 엔리코 씨, 멕시코 사람입니까?
> 엔리코 보세티: 아니요. 이탈리아 사람입니다. 민호 씨, 무슨 일을 합니까?
> 김민호: 대사관에 다닙니다. 만나서 반갑습니다.

1. 엔리코 보세티는 멕시코 사람이다.

   네_____   아니오_____

2. 김민호는 어디에서 일합니까?

   (1) 은행   (2) 학교   (3) 대사관   (4) 회사

제 2 과

하루 일과

문법 및 구조 (Grammar Focus)

◆ 수 (數, number) II ◆

1. 날짜

- 1999. 8. 2. (월) = 1999년 8월 2일 월요일
  천 구백 구십 구년 팔월 이일 월요일

| 몇 월 | 무슨 요일 | 며칠 | 몇 년 |

8월   **1999**

일	월	화	수	목	금	토
1	2	3	4	5	6	7
8	9	10	11	12	13	14
15	16	17	18	19	20	21
22	23	24	25	26	27	28
29	30	31				

| 년 | 1990년
천 구백 구십년 | 1998년
천 구백 구십 팔년 | 2001년
이천 일년 | 2010년
이천 십년 |

| 월 | 1월
일월 | 2월
이월 | 3월
삼월 | 4월
사월 | 5월
오월 | 6월
유월 |
| | 7월
칠월 | 8월
팔월 | 9월
구월 | 10월
시월 | 11월
십일월 | 12월
십이월 |

일	1일 일일	2일 이일	3일 삼일	4일 사일	5일 오일	6일 육일	10일 십일
	15일 십오일	16일 십육일	20일 이십일	26일 이십육일	30일 삼십일	31일 삼십일일	

Ⅰ. 며칠입니까? 수를 한국말로 쓰십시오.

1. 생년 월일   1988년 7월 12일   **천구백 팔십팔년 칠월 십이일**

2. 유통 기한   1999년 10월 10일   _____

3. 여권 기간 만료일 2001년 12월 21일   _____

4. 제품 구입 일자   1997년 6월 16일   _____

Ⅱ. 질문을 만들어 보십시오. _____에 맞게 답하십시오.

2002년 5월 28일 금요일

　　　　　　　　　4. _____ 입니까?
　　　　　　3. _____ 입니까?
　　2. _____ 입니까?
1. **몇** 년입니까?

2. 시간

| 몇 시입니까? | 1 : 10 : 12 | **한 시 십 분 십이 초** |

시	분	초
1시 (한 시)	10분 (십 분)	12초 (십이 초)
2시 (두 시)	16분 (십육 분)	15초 (십오 초)
3시 (세 시)	20분 (이십 분)	23초 (이십삼 초)
4시 (네 시)	30분 (삼십 분 / 반)	30초 (삼십 초)
5시 (다섯 시)	40분 (사십 분)	47초 (사십칠 초)

제 2 과　13　하루 일과

6시 (여섯 시)	50분 (오십 분)	59초 (오십구 초)
7시 (일곱 시)	55분 (오십오 분)	
8시 (여덟 시)		
9시 (아홉 시)		
10시 (열 시)		
11시 (열한 시)		
12시 (열두 시)		

I. 다음 시계를 보고 한국말로 쓰십시오.

1.

　　　아홉 시 삼십 분입니다.

　　　= _____.

2.

　　　_____.

3.

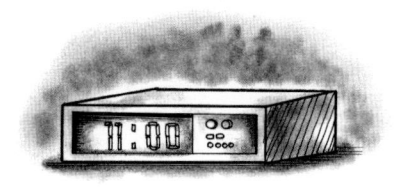

　　　_____.

Ⅱ. 여러분은 서울역에 있습니다. 부산에 갑니다. 기차 시간표를 보고 답하십시오. 시간은 한국말로 쓰십시오.

경부선 하행

종별	열차 번호	서울역	대전	동대구	부산
통일호	401	6:15	8:15	10:22	11:53
무궁화호	155	6:45	8:48	10:38	12:04
새마을호	1	7:00	8:38	10:18	11:31
무궁화호	101	7:15	9:08	10:58	12:21
새마을호	3	8:00	9:32	11:04	12:10

1. 부산에 갑니다. 6시 15분에 기차를 탑니다. 몇 시에 부산에 도착합니까?

   _____.

2. 대전에 갑니다. 7시에 기차를 탑니다. 몇 시에 대전에 도착합니까?

   _____.

Ⅲ. 영화관에 갔습니다. 영화 상영 시간표를 보고 답하십시오.

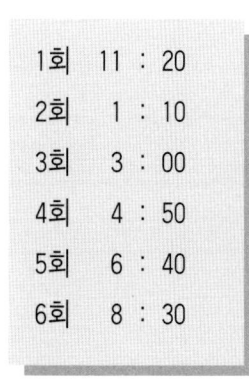

1회	11 : 20
2회	1 : 10
3회	3 : 00
4회	4 : 50
5회	6 : 40
6회	8 : 30

1. 4회 영화는 몇 시에 시작합니까?

   _____.

2. 마지막 회는 몇 시입니까?

   _____.

◆ 현재 시제 (現在時制, present) I : -(스)ㅂ니다/-(스)ㅂ니까? ◆

기본형	어간	평서문	의문문
자다	자	잡니다	잡니까?
먹다	먹	먹습니다	먹습니까?

연습

기본형	어간	평서문	의문문	
만나다	만	만납니다	만납니까?	
보다				
전화하다	전화하	전화합니다	전화합니까?	
식사하다				
먹다	먹	먹습니다	먹습니까?	
입다				
듣다	듣	듣습니다	듣습니까?	
묻다				
돕다	돕	돕습니다	돕습니까?	
줍다				
살다	살	삽니다	삽니까?	ㄹ → ∅
팔다				

다음 그림을 보십시오. 지금 무엇을 합니까?

1.

A: 민호가 밥을 먹습니까?
B: 네, **밥을 먹습니다.**

2.

A: 민호가 전화를 합니까?
B: 아니요. _____.
(텔레비전 보다)

3.

A: 민호가 잡니까?
B: 네, _____.

4.

A: 사라가 텔레비전을 봅니까?
B: 아니요. _____.
(책을 읽다)

◆ **시간의 부사격 조사: -에** ◆

언제?		어디?	
1999년 8월 12일 수요일 식사 후 1999년 8월 12일	에	학교 회사	에 가다/오다

- 1999년 8월 12일에 한국에 왔습니다. (O)
- 1999년에 8월에 12일에 한국에 왔습니다. (X)

다음 달력을 보고 물음에 답하십시오.

9월

일	월	화	수	목	금	토
6	7	8	9	10	11	12
야구 관람	사진찍기	도서관	시험	병원	수영장	영화관

제 2 과 17 하루 일과

민수는 이번 주에 아주 바쁩니다. 9월 _____에 시험이 있습니다. 그래서 화요일에 _____ 갑니다. 친구와 같이 공부합니다. 그리고 _____ 병원에 갑니다. 민호의 친구 사라가 아픕니다. 사라는 지금 병원에 있습니다. 그리고 이번 주 토요일에 _____ 갑니다.

◆ 보조사 (補助詞, auxiliary): -부터 -까지 ◆

12시**부터** 1시**까지** 점심 식사를 합니다.

다음 그림을 보고 쓰십시오. 그리고 맞는 것을 고르십시오.

나는 보통 (새벽, 아침) 7시에 일어납니다. _____ 샤워합니다. 7시 반에 아침 식사를 하고 8시에 _____ 갑니다. 회사에서 오전 9시_____ 저녁 7시 _____ 일합니다. (저녁, 밤) 7시에 _____ 갑니다. 8시에 저녁 식사를 하고 9시 _____ 9시 반_____ 텔레비전을 봅니다. 그리고 (저녁, 밤) 10시_____ 공부를 시작합니다. 밤 12시_____ 잡니다.

어휘 (Vocabulary Focus)

우체국에서

I. _____에 맞는 말을 골라 쓰십시오.

| 우표 | 봉투 | 우체국 | 우체통 | 소포 | 우편 번호 | 항공편 | 배편 |

1. 친구에게 편지를 보내려고 **우체국**에 갑니다.

2. 우체국에서 우표를 삽니다. 우표를 _____에 붙입니다.

3. 우체국에서 _____을/를 부칩니다. 먼저 소포의 무게를 잽니다. 무게에 따라서 우표를 삽니다.

4. 편지는 보통 항공편으로 보냅니다. 그렇지만 소포는 보통 _____(으)로 보냅니다. 요금이 더 싸기 때문입니다.

II. _____에 맞는 말을 골라 쓰십시오.

| 우표 | 짜리 | 기분 | 근무 | 시간 | 체조하다 |
| 목욕하다 | 서점 | 은행 | 보통 | 회사 |

1. 오늘 보너스(bonus)를 받습니다. 그래서 **기분**이 아주 좋습니다.

2. 토요일에는 아침에만 일합니다. 오전 _____만 합니다.

3. 나는 피곤할 때 목욕탕에 가서 _____.

4. 토요일에는 오전 근무만 합니다. 그래서 토요일 오후에는 _____이 있습니다.

5. 나는 보통 3,000원_____ 공중 전화 카드를 삽니다.

Ⅲ. 낱말 맞추기

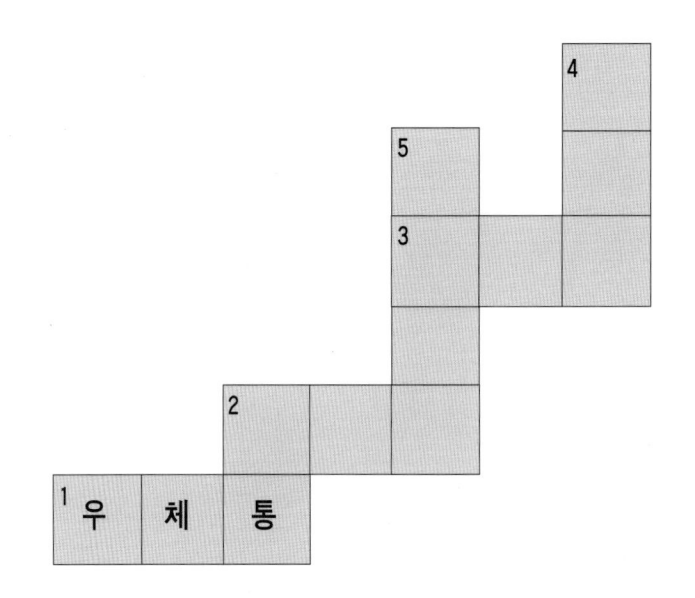

¹우 체 통

• 동사(動詞, verb)는 기본형(基本形, basic form)을 쓰십시오.

가로

1. 편지를 **우체통**에 넣습니다.
2. 우체국에서 편지를 _____.
3. _____에서 비자를 받습니다.

세로

2. 나는 _____ 6시에 일어납니다.
4. _____에서 책을 빌립니다.
5. 생일 파티에 친구들을 _____.

상황 표현 (Function Focus)

전화하기

리처드는 회사 동료인 제임스에게 전화합니다. 어떻게 말할까요?

(따르릉)
리처드: _____? 거기 제임스 씨 댁입니까?
제임스: 네.

　　　　(1) 여보세요　　　　　　　(2) 안녕하세요

인사하기

마이클이 물건을 사러 상점에 들어가면 점원은 뭐라고 말할까요?

점원: _____. 무엇을 찾으십니까?
마이클: 가방을 하나 사려고 합니다.

　　　　(1) 어서 오십시오　　　　　(2) 처음 뵙겠습니다

대화 (Sample Dialogs)

Ⅰ. 다음을 읽고 답하십시오.

> 마이클: 처음 뵙겠습니다. 저는 마이클 윌리엄입니다.
> 수진: 안녕하세요? 저는 이수진입니다.
> 마이클: 수진 씨는 무슨 일을 합니까?
> 수진: 저는 대사관에 다닙니다. 마이클 씨는 무슨 일을 합니까?
> 마이클: 저는 컴퓨터 회사에 다닙니다. 요즘 조금 바쁩니다. 수진 씨, 금요일에는 몇 시까지 일합니까?
> 수진: 금요일에는 오전 근무만 합니다. 보통 12시까지 일합니다. 마이클 씨는요?
> 마이클: 저도 금요일에는 오전 근무만 합니다. 그러면 수진 씨도 금요일 저녁에는 보통 시간이 있군요.
> 마이클: 네. 그래서 금요일은 기분이 좋습니다.

1. 두 사람은 처음 만났습니다. 소개하고 있습니다. 마이클은 어떻게 말을 시작했습니까?

    마이클은 "_____"라고 말했습니다.

2. 마이클은 요즘 바쁘다. 그래서 토요일에도 회사에 간다.

    네_____ 아니요_____

3. 수진은 금요일에는 오전까지 일한다. 그래서 저녁에는 안 바쁘다.

    네_____ 아니요_____

4. 수진은 _____에서 일한다.

Ⅱ. 다음을 읽고 답하십시오.

> 마이클: 여보세요?
> 민 호: 여보세요?
> 마이클: 김민호 씨 계십니까? 저는 마이클입니다.
> 민 호: 안녕하십니까? 마이클 씨!
> 마이클: 안녕하십니까? 민호 씨를 저녁 식사에 초대하고 싶습니다.
> 민 호: 언제입니까?
> 마이클: 5월 26일 금요일 저녁 6시입니다.
> 민 호: 네, 좋습니다.

1. 두 사람이 친한 친구라면 어떻게 말하겠습니까? 밑줄 친 부분을 바꾸어 말할 수 있는 것을 고르십시오.

   (1) 김민호 씨 있습니까?   (2) 민호 있어요?

2. 민호는 금요일 저녁에 마이클의 집에 간다.

   네_____ 아니요_____

3. 정중하게 초대해야 할 사람에게는 초대장을 보냅니다. 전화 내용을 초대장에 써 보십시오.

김민호 씨께

안녕하십니까?

〈중략〉

_____에 초대하고 싶습니다.

날짜: 5월 26일 _____요일

시간: _____시

장소: 서울특별시 서대문구 대현동 럭키아파트
　　　1동 203호

5월 3일
마이클 윌리엄 올림

Ⅲ. 다음 초대장을 보고 답하십시오.

이수진 씨께
　안녕하십니까?
_____
_____
저희 집에 초대하고 싶습니다.

　　장소: 서울특별시 서대문구 대현동 이화아파트
　　　　　3동 605호
　　날짜: 10월 18일 금요일
　　시간: 오후 6시

10월 10일
마이클 로렌스 올림

1. 누가 누구에게 초대장을 보냈습니까?

   _____

2. 몇 월 며칠에 초대장을 썼습니까?

   _____

Ⅳ. 다음을 보고 답하십시오.

```
보내는 사람
서울특별시 서대문구 대현동 이화아파트 3동 605호
  마이클 로렌스 올림
  1 2 0 - 7 5 0

                    받는 사람
                    서울특별시 동작구 사당 3동 12-403
                      이수진 _____
                      1 5 6 - 0 9 3
```

1. 이수진은 아파트에 산다.

    네_____   아니요_____

2. _____에 맞는 낱말을 고르십시오.

    (1) 드림   (2) 귀하

Ⅴ. 다음을 읽고 답하십시오.

```
우체국 직원: 어서 오십시오.
마이클:     우표 6장 주십시오. 얼마입니까?
우체국 직원: 1,200원입니다.
마이클:     공중 전화 카드도 한 장 주십시오.
우체국 직원: 3,000원짜리, 5,000원짜리, 10,000원짜리가 있습니다.
마이클:     5,000원짜리로 한 장 주십시오.
우체국 직원: 여기 있습니다.
마이클:     고맙습니다.
```

1. 마이클은 무엇을 샀습니까?

    _____

2. 마이클은 얼마를 내야 합니까?

    _____

제 3 과

문법 및 구조 (Grammar Focus)

◆ 처소의 부사격 조사: -에 ◆

-이/가	-에	있습니다	있습니까?
		없습니다	없습니까?

Ⅰ. 그림을 보고 맞게 답하십시오.

| 위 | 밑(아래) | 안 | 옆 | 앞 | 뒤 |

1. 모자가 의자 **위에** 있습니다.
2. 안경이 가방 _____ 있습니다.
3. 우산이 책상 _____ 있습니다.
4. 사진이 책상 _____ 있습니다.
5. 책상 _____ 신문이 있습니다.
6. 가방 _____ 의자가 있습니다.
7. 책상 _____ 의자가 있습니다.

Ⅱ. 여러분의 책상 위에는 무엇이 있습니까?
다음을 읽고 맞는 위치에 물건의 번호를 쓰십시오.

1. 화분이 책장 위에 있습니다.
2. 신문이 탁자 위 전화 오른쪽에 있습니다.
3. 컴퓨터가 책상 가운데에 있습니다.
4. 안경이 전화 앞에 있습니다.
5. 시계가 컴퓨터 왼쪽 옆에 있습니다.

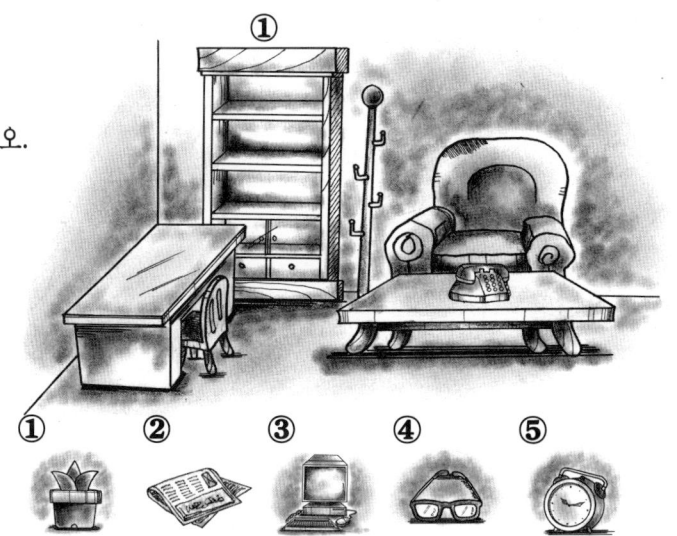

Ⅲ. 다음의 약도를 보고 맞게 답하십시오.

| 건너편(맞은편)　　사이　　모퉁이 |

1. 은행은 서점 **건너편**에 있습니다.

2. 커피숍은 서점과 _____ _____에 있습니다.

3. 약국은 극장 _____에 있습니다.

Ⅳ. 위의 Ⅲ번 그림을 보고 _____에 맞게 답하십시오.

1. 민호: 실례합니다. 우체국이 어디에 있습니까?

   유진: 이 길로 똑바로 가십시오. 은행과 학교 _____에 있습니다.

   민호: 고맙습니다.

2. 수잔: 회사 오른쪽 옆에 병원이 _____?

   유진: 네.

3. 마이클: 약국이 어디에 있습니까? 극장 옆에 약국이 있습니까?

   제임스: 아니요, 극장 옆에 _____. 약국은 극장 _____에 있습니다.

4. 유진: 회사 _____ 옆에 무엇이 있습니까? 병원이 있습니까?

   진호: 아니요, 커피숍이 있습니다.

◆ 방향의 부사격 조사: -(으)로 ◆

오른쪽	으로	
왼쪽	으로	가다/오다
앞	으로	
뒤	로	

오른쪽	
왼쪽	에 있다/없다/놓다
앞	
뒤	

다음 대화를 읽고 _____에 '-에'나 '-(으)로'를 쓰십시오.

1. 배달원: 이 소파는 어디에 놓을까요?
   마이클: 방 가운데_____ 놓으세요.

2. 마이클: 이 책을 책상 위_____ 놓을까요?
   리처드: 아니요. 저에게 주세요.

3. 사라: 병원이 어디에 있습니까?
   수진: 길 건너편_____ 있습니다.

4. 유진: 여기에서 가까운 우체국은 어디에 있습니까?
   민호: 이 길을 따라서 똑바로 가시면 큰 길이 있습니다.
   큰길에서 오른쪽_____ 가십시오. 그러면 은행 옆에 우체국이 있습니다.

5. 택시 기사: 여기에서 어떻게 가면 됩니까?
   손님: 왼쪽_____ 가세요. 저기 은행 앞에서 세워 주세요.

어휘 (Vocabulary Focus)

장소

1. _____에 맞는 말을 골라 쓰십시오.

   | 서점 병원 극장(영화관) 백화점 주유소 학교 교회 약국 커피숍 |

   1. 책을 사려고 합니다. 그래서 지금 **서점**에 갑니다.

   2. 영화를 보고 싶습니다. 그래서 _____에 갑니다.

   3. 생일 선물을 사러 _____에 갑니다.

   4. 차에 휘발유가 없습니다. 그래서 _____에 가야 합니다.

   5. 감기에 걸렸습니다. 약을 사러 _____에 갑니다.

   6. 수잔은 기독교인(Christian)입니다. 그래서 일요일마다 _____에 갑니다.

   7. 친구가 아파서 지금 병원에 있습니다. 친구를 만나러 _____에 갑니다.

가구

Ⅱ. 가구의 이름을 쓰십시오.

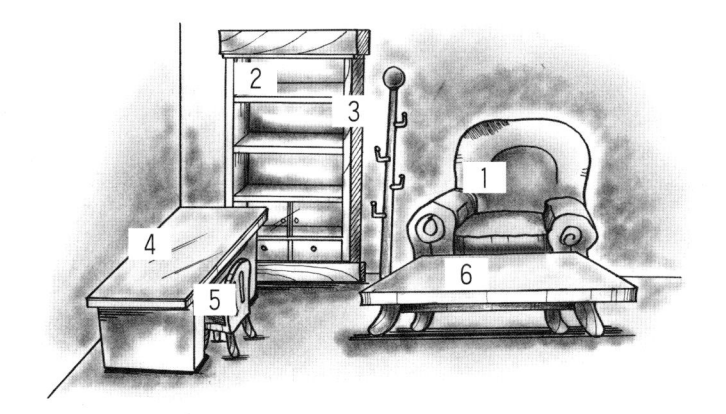

1. **소파** _____
2. _____
3. _____
4. _____
5. _____
6. _____

집안의 명칭

Ⅲ. 그림을 보고 집안의 명칭을 쓰십시오.

| 침실 | 거실 | 욕실 | 주방 |
| 세탁실 | 차고 | 화장실 | 식당 |

1. **침실** _____
2. _____
3. _____
4. _____
5. _____

Ⅳ. 관련이 없는 낱말을 고르십시오.

1. (1) 나무   (2) 꽃   (3) 정원   (4) 지하 ⃝
2. (1) 교외   (2) 도시 근교   (3) 회사   (4) 신도시
3. (1) 세탁실   (2) 거실   (3) 주방   (4) 책장
4. (1) 욕실   (2) 목욕탕   (3) 샤워   (4) 탁자
5. (1) 입원   (2) 운동   (3) 병실   (4) 간호사

Ⅴ. 낱말 맞추기

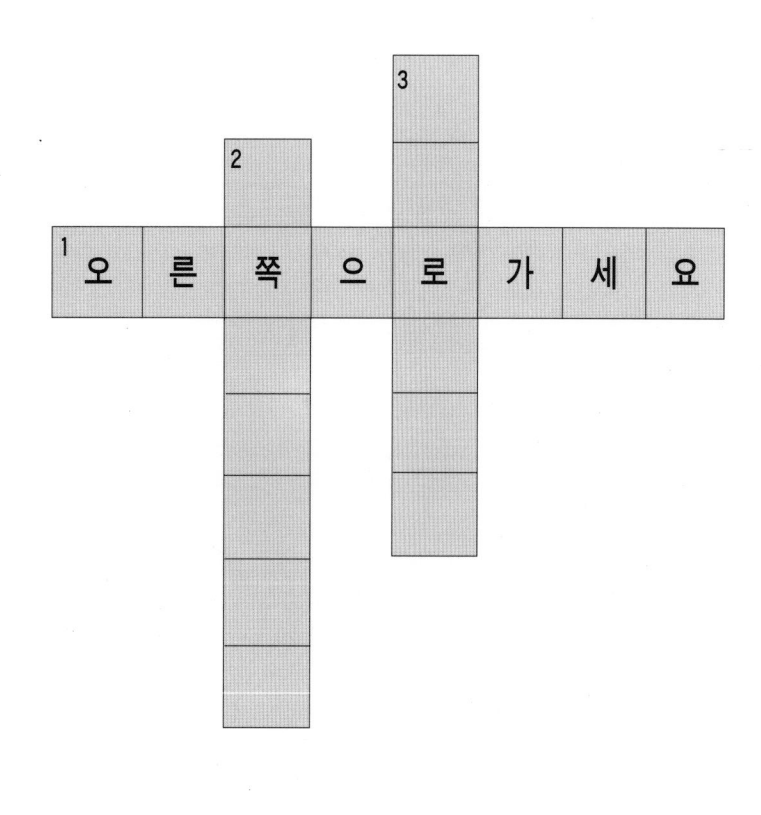

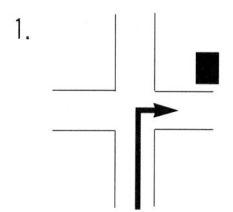

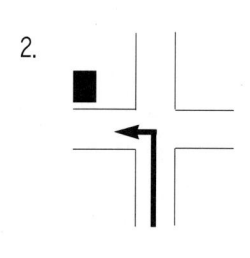

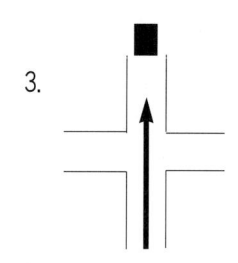

		²		³			
¹오	른	쪽	으	로	가	세	요

1.
2.
3.

상황 표현 (Fuction Focus)

모르는 사람에게 길 묻기

제임스가 모르는 사람에게 길을 물을 때, 모르는 사람에게 어떻게 말을 걸까요?

(길에서)
제임스: 저, _____. 은행이 어디에 있습니까?
행인: 저기 커피숍 뒤에 있습니다.

    (1) 안녕하세요?   (2) 실례합니다

감사 표현하기

1. 배달원이 수진의 집에 컴퓨터를 가지고 와서 설치해 주었습니다. 수진은 배달원에게 뭐라고 말할까요?

   배달원: 다 됐습니다. 지금 곧 사용할 수 있습니다.
   수진: _____.

       (1) 수고하셨습니다   (2) 실례합니다

2. 마이클이 수잔을 도와 주었습니다. 수잔은 마이클에게 뭐라고 말할까요?

   마이클: 수잔 씨, 제가 컴퓨터를 고쳐 줄까요?
   수잔: 네.

   (마이클이 수잔의 컴퓨터를 고쳐 주었다.)
   마이클: 다 됐습니다.
   수잔: _____.

       (1) 미안합니다   (2) 고맙습니다

대화 (Sample Dialogs)

I. 다음을 읽고 답하십시오.

> 민호: 저, 실례합니다. 김영수 씨의 병실은 어디입니까?
> 간호사: 김영수 씨요? 잠깐만 기다리세요. 306호입니다.
> 민호: 306호는 어디에 있습니까?
> 간호사: 똑바로 가시면 문이 있습니다. 그 문으로 나가면 바로 왼쪽에 306호가 있습니다.
> 민호: 고맙습니다.

1. 306호는 어디에 있습니까?

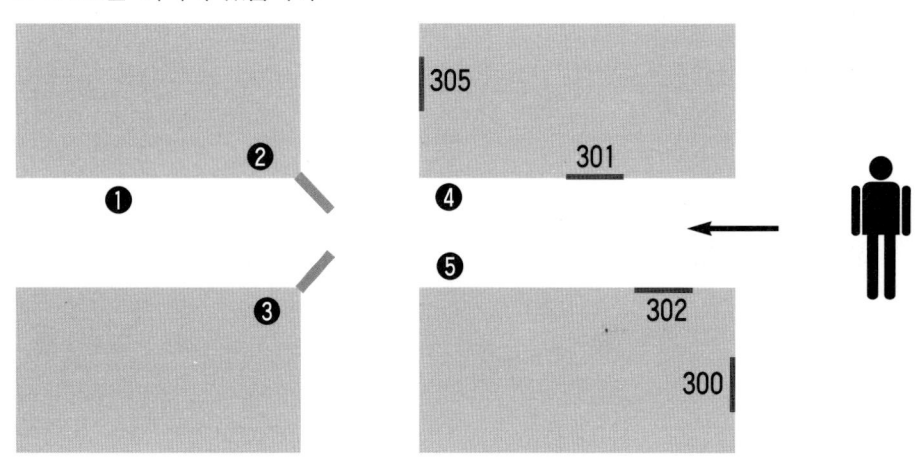

II. 다음을 읽고 답하십시오.

> 마이클: 여보세요?
> 수진: 마이클 씨예요? 저 이수진이에요.
> 마이클: 퇴근 후에 시간이 있습니까? 저녁 식사를 같이 하고 싶습니다.
> 수진: 네, 좋아요. 어디에서 만날까요?
> 마이클: 제가 수진 씨 회사 앞으로 가겠습니다.
> 수진: 회사 앞은 너무 복잡해요. 회사 뒤에 있는 은행 앞에서 만납시다.
> 마이클: 좋습니다. 제가 7시에 회사 뒤 은행 앞으로 가겠습니다.
> 수진: 네. 퇴근 후에 봅시다.

1. 두 사람은 무엇에 대해서 이야기하고 있습니까?

    (1) 여행 계획   (2) 저녁 약속

2. 두 사람은 회사 앞에 있는 은행에서 만나기로 했다.

    네_____ 아니오_____

3. 수진은 회사 일이 7시쯤에 끝난다.

    네_____ 아니오_____

Ⅲ. 다음을 읽고 답하십시오.

> (똑똑)
>
> 수진: 누구세요?
> 배달원: 주문하신 가구를 가져왔습니다.
> 수진: 네, 들어오세요. 책상은 왼쪽 구석에 놓으세요. 그리고 책장은 책상 오른쪽 옆에 놓으세요.
> 배달원: 소파는 어디에 놓을까요?
> 수진: 왼쪽 벽에 붙여서 놓으세요. 그리고 탁자는 소파 앞에 놓으세요.
> 배달원: 다 됐습니다.
> 수진: 수고하셨습니다. 안녕히 가세요.

수진의 방은 어느 것입니까?

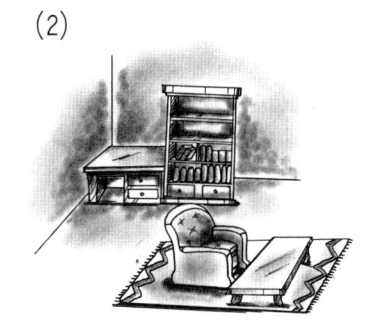

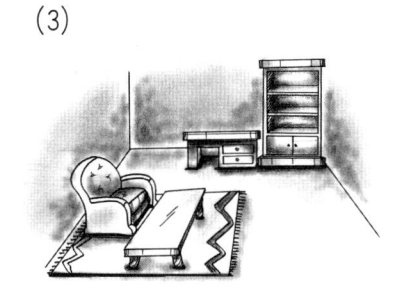

(1)   (2)   (3)

제 4 과

가족

문법 및 구조 (Grammar Focus)

◆ **소유격 조사: -의** ◆

누구 한나	의	것 책

◆ **지시대명사** ◆

근칭(近稱, near)	중칭(中稱, middle)	원칭(遠稱, far)
이것	그것	저것

A: 이것은 누구**의** 책입니까?
B: 다니엘**의** 책입니다.

이것   그것   저것

Ⅰ. 다음 그림을 보고 맞는 것을 고르십시오.

마크   주노   빈스

1. 마크: 주노 씨, (**이것**, 저것, 그것)은 누구의 책입니까?
   주노: (저것, **그것**)은 빈스 씨(**의**, 에, 가) 책입니다.

2. 마크: 빈스 씨, (이, 저, 그) 책이 빈스 씨의 것입니까?
   빈스: 네, (이, 저, 그) 책은 (나, 제, 빈스 씨의) 것입니다.

3. 마크: 주노 씨, (이것, 저것, 그것)은 누구의 가방입니까?
   주노: (이것, 저것, 그것)은 한나 씨의 (것, 거, 우산)입니다.

4. 주노: 빈스 씨, (이것, 저것, 그것)은 누구의 우산입니까?
   빈스: (이, 저, 그) 우산은 미라 씨(에, 의, 가) 것입니다.

Ⅱ. 다음을 읽고 답하십시오.

김현오는 서른일곱 살입니다. 현오의 집은 주택입니다. 집 뒤에는 산이 있습니다. 현오의 직업은 치과 의사입니다. 현오는 자동차와 자전거가 있습니다. 책읽기와 여행하기를 좋아합니다. 취미는 그림 그리기입니다.

이수진은 스물여덟 살입니다. 간호사입니다. 수진은 아파트 4층에 삽니다. 수진의 집에 고양이가 한 마리 있습니다. 수영하기와 재즈(jazz) 음악 듣기를 좋아합니다. 취미는 사진찍기입니다.

1. 빈 칸에 맞는 말을 쓰십시오.

이름	사는 곳	직업
김현오		
이수진		

2. 다음 물건은 누구의 것입니까? 김현오의 것입니까? 이수진의 것입니까?

- 자동차
- CD
- 유니폼
- 자전거
- 책
- 붓
- 아파트
- 개
- 수영복
- 고양이
- 농구공
- 사진기
- 집

(1) 자동차는 김현오의 것입니다.

(2) _____.

(3) _____.

(4) _____.

(5) _____.

(6) _____.

◆ 수 (數, number) III ◆

A: 몇 살입니까?
B: 32살입니다.   /   32세입니다.
   (서른두 살입니다)   (삼십이 세입니다)

다음 가계도를 보고 ____에 맞는 말을 쓰십시오.

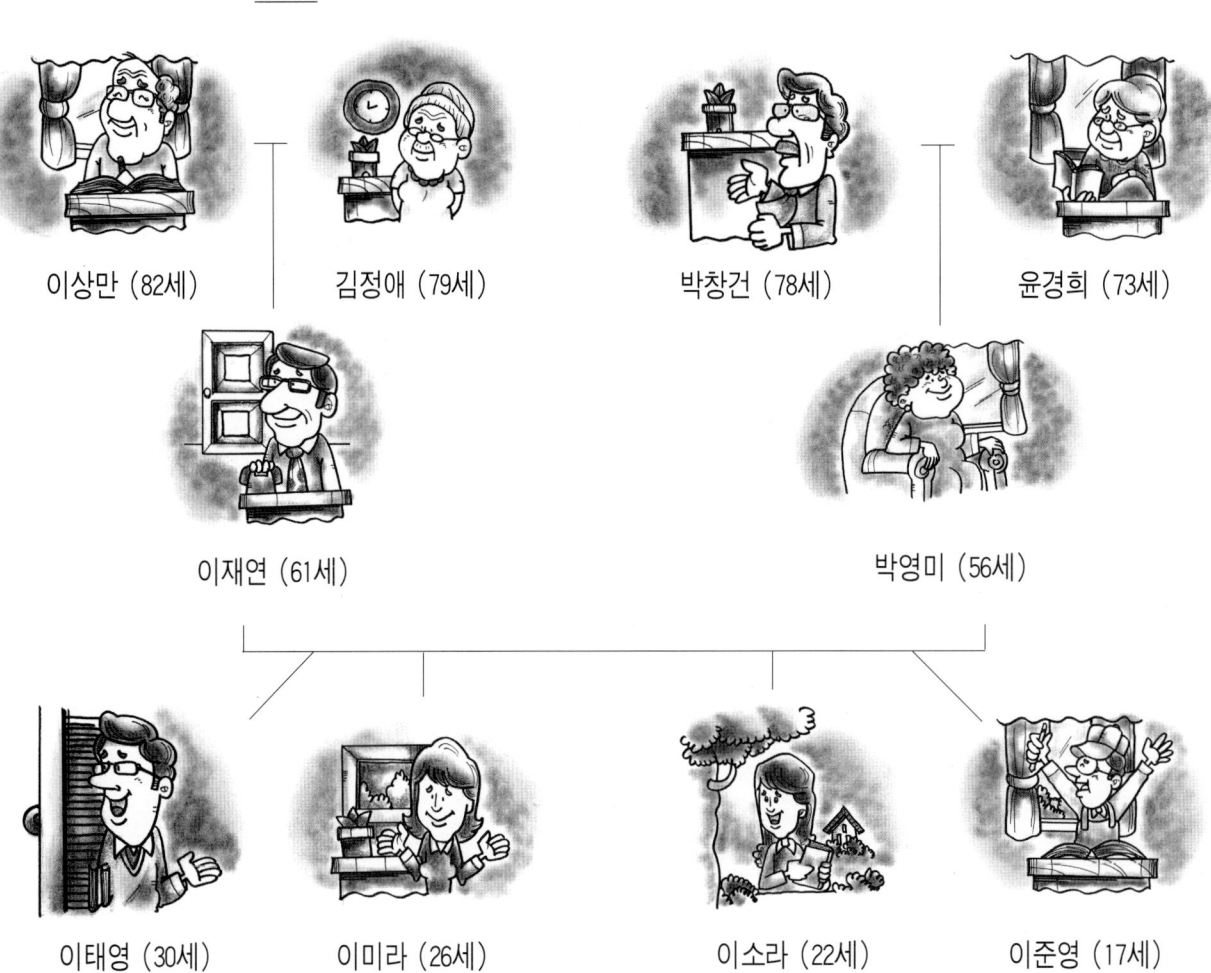

이상만 (82세)   김정애 (79세)   박창건 (78세)   윤경희 (73세)

이재연 (61세)   박영미 (56세)

이태영 (30세)   이미라 (26세)   이소라 (22세)   이준영 (17세)

이소라의 가족은 **여덟** 명입니다. 할아버지와 할머니가 계시고, 아버지, 어머니, 오빠, _____, 남동생이 있습니다. 이소라는 셋째입니다. 할아버지는 여든두 살이십니다. 할머니의 연세는 _____살이십니다. 두 분 모두 건강하십니다. 외할아버지와 _____는 부산에서 사십니다. 아버지는 대학교에서 학생들을 가르치십니다. _____이십니다. 어머니는 쉰여섯 살이십니다. 이태영은 회사에 다닙니다. 나이는 _____살입니다. 이태영은 이소라의 _____입니다. 이미라는 이소라의 _____입니다. 중학교 영어 선생님입니다. 이소라는 _____살입니다. 대학교 4학년 _____입니다. 남동생이 하나 있습니다. 이름은 이준영입니다. 나이는 _____살입니다. 고등 학생입니다.

의문대명사 (疑問代名詞, wh-questions) III

| 어떤 | 무엇 | 몇 | 누구의 | 언제 |

A: 동생이 **몇** 명 있습니까?
B: 여동생이 한 명, 남동생이 한 명 있습니다.

I. 다음 중 알맞은 것을 골라 _____에 쓰십시오.

| 누구 | 누구의 | 누가 |

(사진을 보면서)

1. 리사: 이 사진에서 _____ 수진 씨의 남자 친구입니까?
   수진: 이 사람입니다.

2. 유진: 이것은 _____ 가방입니까?
   미셸: 제 가방입니다.

3. 사라: 여기에서 _____ 을/를 기다립니까?
   피터: 동생을 기다리고 있습니다.

II. 제니퍼는 친구와 자신의 가족 사진을 보면서 가족에 대해 말하고 있습니다. 다음에서 알맞은 것을 골라 _____에 쓰십시오.

| 어디 | 무엇 | 어느 | 언제 | 무슨 | 몇 | 어떤 |

A: 제니퍼 씨는 동생이 있습니까?
B: 네, 있습니다.
A: _____ 명 있습니까?
B: 남동생이 두 명 있습니다. 여기 사진이 있습니다. 보세요.
A: 어렸을 때 사진이군요. _____ 살 때 찍은 겁니까?
B: 15살 때 찍은 겁니다. 지금 큰 남동생, 마이클은 33살입니다. 미국에서 삽니다. 오늘 마이클의 생일 선물을 사려고 합니다. 곧 마이클의 생일이 돌아옵니다.
A: 생일이 _____입니까?
B: 다음 주 토요일, 5월 25일입니다.
A: 작은 동생은 지금 _____에서 삽니까? 영국에서 부모님과 같이 삽니까?
B: 아니요. 독일에서 삽니다.
A: 독일에서 _____ 일을 합니까?
B: 요리사입니다. 호텔에서 일합니다.

어휘 (Vocabulary Focus)

직업

I. 그림을 보고 다음에서 골라 쓰십시오.

| 축구 선수 | 요리사 | 치과 의사 | 교사 | 실내 장식가 | 비서 | 간호사 | 종업원 |

1. **치과 의사**

2. _____

3. _____

4. _____

5. _____

II. 다음과 관련 있는 직업은 무엇입니까? 다음에서 골라 쓰십시오.

| 화가 | 가수 | 은행원 | 의사 | 변호사 |

1. 노래 마이크 무대 음악 : **가수**
2. 수술 병원 환자 흰색 가운 : _____
3. 붓 색 이젤 미술 : _____
4. 돈 수표 대출 현금 카드 : _____

제 4 과 36 가 족

가족 관계

Ⅲ. 다음을 보고 _____에 알맞은 것을 쓰십시오.

아버지   어머니

게이코 (23세)   준 (20세)   미카코 (17세)

장녀   차녀   장남   차남   막내   외아들   외딸

게이코의 가족은 5명입니다. 아버지와 어머니가 계시고, 남동생 하나, 여동생이 하나 있습니다. 게이코가 _____입니다. 게이코는 언제나 어머니를 잘 도와 드립니다. 게이코의 남동생 이름은 준입니다. 준은 남자 형제가 없습니다. _____입니다. 준은 지금 대학생입니다. 미카코는 동생이 없습니다. _____입니다.

Ⅳ. 낱말 맞추기

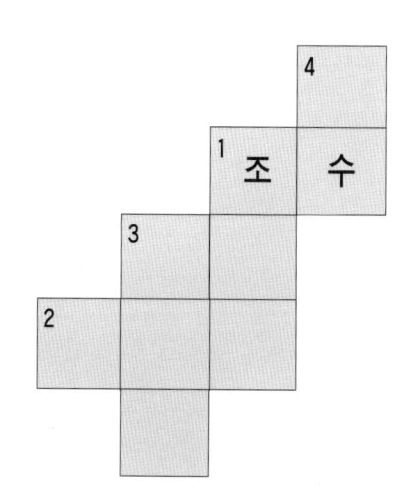

| | |
|조|수|

가로

1. 다른 사람의 일을 보조합니다.
2. 병원에서 의사를 돕습니다.

세로

1. 하늘에서 일합니다. 비행기를 조종합니다.
3. 피고를 변호합니다.
4. 대학교에서 학생들을 가르칩니다.

상황 표현 (Function Focus)

물건의 주인 찾기

여러분은 교실에서 우산을 주웠습니다. 그 우산의 주인을 찾아 주려고 합니다. 이 때 어떻게 말할까요?

미셸: 이 빨간 우산이 _____? 어제 교실 창문 아래 있었습니다.
수잔: 제 겁니다. 정말 감사합니다.

(1) 누구 겁니까 (2) 누구입니까

가족 소개하기: 나이 묻기

피터는 낸시에게 할아버지 연세를 묻고 싶습니다. 윗사람의 나이를 어떻게 물을까요?

피터: 낸시 씨, 이분이 누구십니까?
낸시: 우리 할아버지십니다.
피터: _____?
낸시: 일흔여덟이십니다.

(1) 몇 살입니까 (2) 연세가 어떻게 되셨습니까

대화 (Sample Dialogs)

Ⅰ. 다음을 읽고 답하십시오.

> 낸시: 실례합니다. 누가 빈스 씨입니까?
> 닉:　창문 옆에 있는 사람이 빈스 씨입니다.
> (낸시가 빈스에게)
> 낸시: 실례합니다. 빈스 씨입니까?
> 빈스: 네, 그렇습니다.
> 낸시: 빈스 씨, 이 수첩 빈스 씨의 것입니까?
> 빈스: 아! 네, 제 겁니다.
> 낸시: 이것이 교실 문 앞에 있었습니다. 여기 있습니다.
> 빈스: 정말 감사합니다.

1. 빈스는 어디에 있습니까?

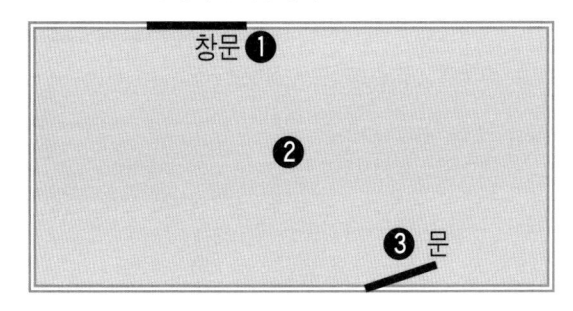

```
┌─────────────────────┐
│ 창문 ❶              │
│                     │
│         ❷           │
│                     │
│                ❸ 문 │
└─────────────────────┘
```

2. 수첩은 누구의 것입니까?

 (1) 낸시　　　　(2) 닉　　　　(3) 빈스

3. 수첩이 어디에 있었습니까?

 (1) 교실 문 앞에　(2) 교실 문 옆에　(3) 창문 앞에　(4) 창문 옆에

Ⅱ. 다음을 읽고 답하십시오.

> (사무실 밖)
> 박정오:　　　　마이클 씨, 여기가 우리 사무실입니다.
> (사무실 안)
> 박정오:　　　　유인철 씨, 이분은 신입 사원 마이클 스미스 씨입니다.
> 마이클 스미스: 안녕하십니까?
> 유인철:　　　　안녕하세요? 저는 유인철입니다. 만나서 반갑습니다.
> 마이클 스미스: 네, 저도 만나서 반갑습니다.
> 유인철:　　　　마이클 씨, 제 옆에 있는 책상이 마이클 씨 책상입니다.
> 마이클 스미스: 이 책상입니까?
> 유인철:　　　　네, 그렇습니다.
> 마이클 스미스: 그런데 이 사무실에 몇 명이 있습니까?

> 유인철:　　　　다섯 명이 있습니다. 지금 세 명이 외국 출장중입니다.
> 박정오:　　　　마이클 씨, 우리는 보통 8시 30분까지 출근합니다.
> 　　　　　　　사무실 문의 비밀 번호는 75843입니다.
> 마이클 스미스: 네, 알겠습니다.

1. 마이클은 사무실에 처음 왔다.

   네_____　아니요_____

2. 지금 사무실에 3명이 있다.

   네_____　아니요_____

3. 마이클의 책상은 어디에 있습니까?

   (1) 문 옆　　　　(2) 유인철의 책상 옆　　　　(3) 박정오의 책상 옆

Ⅲ. 다음을 읽고 답하십시오.

> 유진: 이거 영철 씨의 가족 사진입니까?
> 영철: 네, 그렇습니다.
> 유진: 영철 씨 가족은 모두 몇 명입니까?
> 영철: 모두 다섯 명입니다. 아버지와 어머니가 계시고, 누나와 여동생이 있습니다.
> 유진: 영철 씨 앞에 있는 사람이 누나입니까?
> 영철: 아니요, 이 사람은 제 여동생입니다.
> 유진: 여동생이 학생입니까?
> 영철: 네, 지금 한국대학교에 다닙니다. 스무 살입니다.
> 유진: 이분은 어머니십니까?
> 영철: 네, 그렇습니다.
> 유진: 어머님께서 참 미인이시군요. 연세가 어떻게 되셨습니까?
> 영철: 쉰다섯 되셨습니다.
> 유진: 어머니 뒤에 있는 이분은 누구십니까?
> 영철: 누나의 남편입니다. 우리 누나는 작년에 결혼을 했습니다. 그래서 지금 부산에서 삽니다.
> 유진: 영철 씨의 누나는 무슨 일을 하십니까?
> 영철: 회사원입니다.

1. 영철의 가족은 남자가 두 명, 여자가 세 명이다.

   네_____　아니요_____

2. 영철은 여동생이 두 명이다.

   네_____　아니요_____

3. 영철의 여동생은 대학생이다.

   네_____　아니요_____

4. 영철의 어머니는 65세이다.

   네_____　아니요_____

제 5 과

주말

문법 및 구조 (Grammar Focus)

◆ 부사 (副詞, adverb): 보통, 가끔 ◆

	일요일	월요일	화요일	수요일	목요일	금요일	토요일
11월					1	2	3 등산
	4 영화	5 일본어수업	6	7 태권도	8	9 병원	10 등산
	11 영화	12 일본어수업	13	14 태권도	15	16	17 테니스
	18 영화	19 일본어수업	20	21 태권도	22	23	24 등산
	25	26 일본어수업	27 병원	28 태권도	29	30	

· 수잔은 토요일에 **보통** 등산을 갑니다. 그리고 **가끔** 테니스를 칩니다.

다음 _____에 '보통'이나 '가끔'을 쓰십시오.

1. 스미스: 다나카 씨, 토요일에 보통 무엇을 합니까?
   다나카: 저는 토요일에 _____ 수영을 합니다.
   　　　　스미스 씨도 토요일에 보통 수영을 합니까?
   스미스: 아니요, 저는 _____ 수영을 합니다. 한 달에 두 번쯤 수영장에 갑니다.
   　　　　토요일에는 _____ 집에서 쉽니다. 피곤해서 외출하지 않습니다.

2. 수잔: 요코 씨는 시간이 있으면 무엇을 합니까?
   요코: 저는 시간이 있으면 _____ 친구에게 편지를 씁니다.
   수잔: 그래요? 저는 편지를 자주 쓰지 않습니다. _____ 씁니다.

◆ **현재 시제 (現在時制, present) II** ◆

여러분은 주말에 보통 무엇을 합니까? 다음 그림을 보고 쓰십시오.

| 등산을 하다 | 사진을 찍다 | 세탁을 하다 | 쇼핑을 하다 | 운동을 하다 |
| 음악을 듣다 | 청소를 하다 | 친구를 만나다 | 편지를 쓰다 | |

이 름	주말에 보통 하는 일
니콜 (학생)	
마사코 (주부)	
사라 (회사원)	

니콜 (학생)

주말에 보통 **음악을 듣습니다.**

_____
_____
_____

마사코 (주부)

주말에 보통 _____

_____
_____
_____

사라 (회사원)

주말에 보통 _____

_____
_____
_____

◆ 부정 (否定, negative)형 I : 안+V ◆

어떤 행동이나 상태를 부정할 때 동사 앞에 '안'을 쓴다.

A: 오늘 학교에 갑니까?　　　　A: 지금 공부합니까?
B: 아니요, **안** 갑니다.　　　　　B: 아니요, 공부 **안** 합니다.

연습

기본형	부정	기본형	부정
가다	안 가다	전화하다	전화 안 하다
마시다		일하다	
먹다		수영하다	
만들다		운동하다	

다음 대화를 완성하십시오.

1. A: 토요일에 일합니까?
   B: 아니요, 보통 토요일에는 회사에 안 갑니다. **일 안 합니다.** (일하다)

2. A: 운동을 좋아합니까?
   B: 네, 아주 좋아합니다.
   A: 보통 어떤 운동을 합니까?
   B: 수영을 합니다. 미라 씨도 수영을 좋아합니까?
   A: 아니요, _____. (좋아하다)

3. A: 민호 씨, 오늘은 퇴근 후에 뭐 합니까?
   B: 친구를 만납니다.
   A: 친구와 같이 술을 마십니까?
   B: 아니요, _____. (마시다)

4. A: 일요일에 보통 뭐 합니까?
   B: 가족과 같이 야외로 놀러 갑니다.
   A: 이번 일요일에도 놀러 갑니까?
   B: 아니요, _____. (가다)
   친구의 결혼식이 있습니다. 그래서 결혼식장에 가야 합니다.

5. 한나: 리처드 씨는 보통 집에서 요리해서 먹습니까?
   리처드: 아니요, 집에서 _____. (요리하다)
   식당에서 사 먹습니다.

◆ 비격식체: -어/아요 ◆

'-(스)ㅂ니다'는 예의 바르고 정중한 표현이다. (격식: 格式, formal)
'-어/아요'는 친근한 상황이나 잘 아는 사람 사이에서 주로 사용하는 표현이다.
(비격식: 非格式, informal)

1. V / A + 아요

기본형	어간	-아요
앉다	앉	앉아요
살다	살	살아요
받다	받	받아요
좋다	좋	좋아요
작다	작	작아요

2. V / A + 어요

기본형	어간	-어요
쉬다	쉬	쉬어요
먹다	먹	먹어요
입다	입	입어요
길다	길	길어요
기다리다	기다리	기다려요

3. -하다 → -해요

기본형	해요
공부하다	공부해요
식사하다	식사해요
좋아하다	좋아해요
따뜻하다	따뜻해요
답답하다	답답해요

연습

기본형	-어/아요	주의	기본형	-어/아요	주의
자다	자요		듣다	들어요	ㄷ→ㄹ
오다	와요		걷다		
주다			마시다		ㅣ+ㅓ→ㅕ
입다	입어요		기다리다		
앉다			줍다	주워요	ㅂ→우
숙제하다	숙제해요		덥다		
운동하다			있다		
살다			없다		
모르다	몰라요	ㄹ→ㄹ,ㄹ			

다음 글을 읽고 '-어/아요'를 사용해서 대화를 완성하십시오.

> 나는 토요일을 제일 좋아합니다. 토요일에 보통 애니를 만나러 대전에 갑니다. 애니는 내 여자 친구입니다. 대전에서 회사에 다닙니다. 토요일에 보통 같이 영화를 봅니다. 그리고 볼링도 칩니다. 야외로 놀러 갑니다. 내가 바쁘면 대전에 못 갑니다. 그러면 애니가 서울에 옵니다. 애니는 서울에 올 때 보통 기차를 탑니다. 그래서 나는 서울역에서 애니를 기다립니다. 우리는 보통 서울역에서 만납니다.
> 이렇게 데이트를 하는 것은 아주 재미있습니다. 그렇지만 가끔 피곤합니다. 그래서 나는 애니하고 빨리 결혼하고 싶습니다.

니콜: 와! 주말이군요. 나는 주말이 제일 좋아요. 집에서 쉬니까……. 그런데 영민 씨는 무슨 요일을 제일 좋아해요?

영민: 토요일을 제일 **좋아해요**. 왜냐 하면 여자 친구를 만날 수 있어요. 보통 토요일 오후에 여자 친구를 만나러 대전에 _____.

니콜: 그래요? 정말 좋겠어요. 여자 친구 이름이 _____?

영민: 애니_____.

니콜: 그런데 왜 여자 친구가 대전에 있어요?

영민: 대전에서 회사에 _____.

니콜: 아, 그래요. 여자 친구를 만나면 뭐 해요?

영민: 보통 영화를 _____. 그리고 볼링도 _____. 날씨가 좋으면 야외로 _____.

니콜: 항상 대전에서 만나요?

영민: 아니요, 내가 바쁘면 여자 친구가 서울에 _____. 여자 친구가 보통 기차로 오니까 서울역에서 여자 친구를 _____.

니콜: 데이트가 정말 재미있겠어요.

영민: 네. 그렇지만 가끔 _____. 그래서 빨리 결혼하고 _____.

어휘 (Vocabulary Focus)

I. 관련이 <u>없는</u> 낱말을 고르십시오.

1. 설문지	연령	성별	청소	:	**청소**
2. 외식	집안일	청소	설거지	:	_____
3. 직업	직장	여행	회사	:	_____
4. 연령	나이	27세	성명	:	_____
5. 외식	외출	쇼핑	집	:	_____

II. 낱말 맞추기

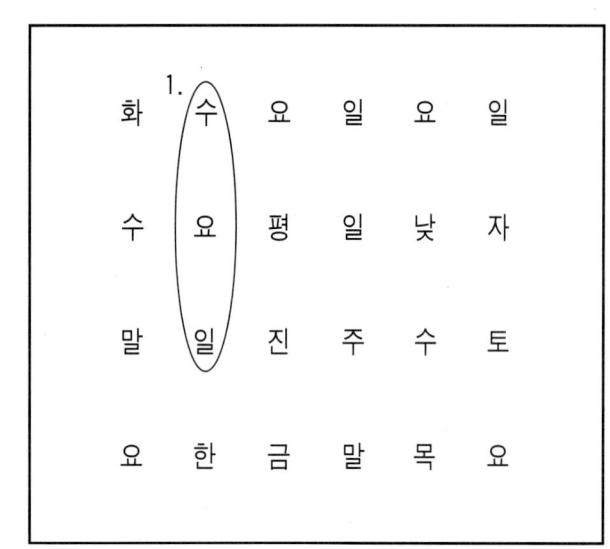

화	수	요일	요일	일
수	요	평	일	낮	자
말	일	진	주	수	토
요	한	금	말	목	요

1. 화요일 다음은 **수요일**입니다.
2. 월요일부터 금요일까지를 ○○ 이라고 합니다.
3. ○○○에는 일 안 합니다. 토요일 다음 날입니다.
4. 토요일과 일요일을 ○○ 이라고 합니다.

상황 표현 (Function Focus)

제안하기

친구와 주말에 영화를 보고 싶습니다. 친구에게 어떻게 말하면 좋을까요?

리처드: 마사코 씨, 내일 시간이 있습니까?
마사코: 네, 있어요.
리처드: 같이 영화 보러 _____.
마사코: 좋아요.

(1) 갑시다   (2) 가세요

약속하기: 장소 묻기

친구와 약속을 하는데 어디에서 만나는 것이 좋은지 상대방의 의견을 묻고 싶습니다. 어떻게 말할까요?

엘렌: 마틴 씨, 이번 주말에 같이 영화를 봅시다.
마틴: 네, 좋아요. 그런데 어디에서 _____?
엘렌: 학교 앞에서 만납시다.

(1) 만납시다   (2) 만날까요

대화 (Sample Dialogs)

I. 다음을 읽고 답하십시오.

> 마틴: 마사코 씨는 주말에 보통 뭐 해요?
> 마사코: 보통 친구를 만나요. 그리고 집에서 쉬어요.
> 마틴: 이번 주말에도 약속이 있어요?
> 마사코: 아니요, 이번 주말에는 약속이 없어요. 왜요?
> 마틴: 시간이 있으면 같이 산에 갑시다.
> 마사코: 좋아요. 그런데 어느 산에 갈까요?
> 마틴: 북한산에 갑시다.
> 마사코: 좋아요.

1. 마사코와 마틴은 이번 주말에 북한산에 간다.

   네_____ 아니요_____

2. 마사코가 먼저 마틴에게 등산 가자고 했다.

   네_____ 아니요_____

3. '갑시다, 갈까요?'는 언제 말합니까?

   (1) 소개할 때   (2) 제안할 때

II. 다음 설문지를 보고 아래 글을 완성하십시오.

설문지

성명: 김민주   **직업:** 회사원   **연령:** 27세   **성별:** (남)

	네	아니요
1. 주말에 보통 낮잠을 잡니까?		√
2. 주말에 보통 친구를 만납니까?	√	
3. 주말에 보통 영화를 봅니까?	√	
4. 주말에 보통 여행을 갑니까?		√
5. 주말에 보통 운동을 합니까?	√	
6. 주말에 보통 쇼핑을 합니까?		√
7. 주말에 보통 집에서 쉽니까?	√	
8. 주말에 보통 집안 일을 합니까?		√
9. 주말에 보통 외식을 합니까?	√	

김민주의 직업은 **회사원**입니다. 스물일곱 살입니다. 김민주는 _____입니다. 김민주는 주말에 보통 낮잠을 _____. 주말에 보통 _____를 만납니다. 그리고 영화를 _____. 김민주는 주말에 보통 여행을 _____. 주말에 보통 운동을 합니다. 그리고 쇼핑을 합니다. 김민주는 주말에 보통 집에서 _____. 그리고 주말에 보통 집안일을 안 합니다. 김민주는 주말에 보통 _____을 합니다.

Ⅲ. 다음을 읽고 답하십시오.

> 소라: 민정 씨, 주말에 보통 뭐 해요?
> 민정: 토요일 오후에는 보통 집에서 쉬어요. 그리고 일요일에는 집안일을 해요. 평일에는 바빠서 못 하니까요.
> 소라: 직장 생활이 피곤해요?
> 민정: 네, 좀 피곤해요. 그래서 주말에는 보통 외출을 안 해요. 소라 씨는 주말에 보통 뭐 해요?
> 소라: 저는 주말에는 보통 가족과 같이 외식을 해요. 그리고 일요일에는 백화점에 가기도 하고…….
> 민정: 소라 씨가 부러워요. 평일에는 집안일을 하고 주말에는 가족과 외식하고 백화점에 가기도 하고…….
> 소라: 저는 민정 씨가 부러워요. 저도 다시 직장에 다니고 싶어요.

1. 소라는 전업 주부다.

   네_____   아니요_____

2. 민정은 보통 토요일과 일요일에 집안일을 한다.

   네_____   아니요_____

3. 소라는 보통 주말에 집에서 식사를 안 한다.

   네_____   아니요_____

4. 민정은 피곤해서 보통 주말에 외출을 안 한다.

   네_____   아니요_____

5. 소라는 지금의 생활을 아주 좋아한다.

   네_____   아니요_____

제 6 과

여행

문법 및 구조 (Grammar Focus)

◆ 처소의 부사격 조사: -에서 ◆

| 〈장소〉 | 에서 | 빌리다
만나다
사다 |

· 도서관에서 책을 빌렸습니다.

| 〈장소〉 | 에 | 가다
오다
다니다 |

· 도서관에 갔습니다.

I. A와 B를 연결하고 문장을 쓰십시오.

A
1. 영화관
2. 우체국
3. 도서관
4. 서점
5. 놀이동산

B
· 놀이기구를 타다
· 책을 사다
· 영화를 보다
· 편지를 보내다
· 책을 빌리다

1. **영화관에서 영화를 봅니다.**
2. _____.
3. _____.
4. _____.
5. _____.

Ⅱ. 다음에서 맞는 것을 골라 _____에 쓰십시오.

| 에 | 에게서 | 은/는 | 을/를 | 에서 | 이/가 |

1. 마이클: 안녕하세요? 호세 씨는 어디**에서** 왔습니까?
   호세:　 저는 스페인_____ 왔습니다.
   마이클: 언제 왔습니까?
   호세:　 작년 6월_____ 왔습니다.
   마이클: 지금 어디_____ 일합니까?
   호세:　 컴퓨터 회사_____ 일합니다.

2. 민호: 어제 뭐 했어요?
   수미: 공원_____ 갔어요.
   민호: 거기_____ 뭐 했어요?
   수미: 공원_____ 친구를 만났어요.

3. 샐리: 앤 씨, 숙제했어요?
   앤:　 아니오, 숙제 안 했어요. 어제 바빴어요. 샐리 씨는 했어요?
   샐리: 네, 오늘 아침에 지하철 안_____ 했어요.

4. 한나: 가족은 어디에 있어요?
   니콜: 지금 영국_____ 있어요.

◆ 부사 (副詞, adverb)와 시제 (時制, tense) ◆

	일	월	화	수	목	금	토
지난 주	3	4	5	6	7	8	9
이번 주	10	11 그저께	12 어제	13 오늘	14 내일	15 모레	16
다음 주	17	18	19	20	21	22	23

	지난	이번	다음
주	지난 주	이번 주	다음 주
달	지난 달	이번 달	다음 달
해	지난 해(=작년)	이번 해(=올해 / 금년)	다음 해(=내년)

달력을 보고 맞는 것을 골라 ◯표 하십시오.

6월

일	월	화	수	목	금	토
7 양로원	8	9 도서관	10 친구	11 서점	12 음악	13
14	15	16 도서관	17 피자	18 옷 〈오늘〉	19 백화점 선물	20 영화
21	22	23	24	25	26 시험	27 미라씨 생일

나는 (그저께, 어제, 모레) 도서관에 갔습니다. 그리고 (지난, 이번, 다음) 주에도 갔습니다. 왜냐 하면 (지난, 이번, 다음) 주에 시험이 있습니다. 그래서 친구들과 같이 공부를 했습니다. 요즘 시험 때문에 스트레스가 많이 쌓입니다. 그래서 (어제, 내일, 모레) 한나와 영화를 볼 겁니다. 그리고 (어제, 오늘, 내일)은 백화점에 갈 겁니다. 왜냐 하면 (지난, 이번, 다음) 주 토요일은 미라의 생일입니다. 그래서 (어제, 오늘, 내일) 백화점에 가서 선물을 살 겁니다.

나는 항상 바쁩니다. 그렇지만 한 달에 한 번씩 양로원을 방문합니다. (지난, 이번, 다음) 달에는 지난 주 일요일에 갔습니다. (지난, 이번, 다음) 달 7월에도 꼭 갈 겁니다.

◆ 과거 시제 (過去時制, past tense) ◆

기본형	-어/아요	과거
가다	가요	갔어요 / 갔습니다
오다	와요	왔어요 / 왔습니다

연습

기본형	-어/아요	과거 -었/았어요	과거 -었/았습니다
보다	봐요	봤어요 / 보았어요	
기다리다			
공부하다	공부해요		
전화하다			
먹다	먹어요		
읽다			
듣다	들어요		
묻다			
팔다	팔아요		
살다			
있다			
없다			
이다	예요		
	이에요	이었어요	이었습니다

I. 다음의 그림을 보십시오. 어디에 갔습니까? 무엇을 했습니까?

바다에 가다
수상 스키를 타다

1. 태국에 갔습니다. **태국에서 바다에 갔습니다.**
   바다에서 수상 스키를 탔습니다.

폴리네시안 민속촌에 가다
훌라춤을 보다

2. 하와이에 갔습니다. 하와이에서 _____.
   _____.

제주도에 가다
사진을 찍다/그림을 그리다

3. 제주도에 갔습니다.
   _____.

II. 다음은 영진의 일기입니다. 맞는 동사를 골라 _____에 알맞게 고쳐 쓰십시오.

타다   먹다   찍다   마시다   많다   이야기하다

5월 26일 (월)

오늘 아침에 친구들과 같이 과천에 있는 놀이동산에 갔습니다. 버스를 타고 갔습니다. 놀이동산에는 사람이 **많았습니다**. 그래서 복잡했습니다. 우리는 여러 놀이기구를 _____. 좀 무서웠지만 재미있었습니다. 점심 때 우리들은 놀이동산에 있는 식당에 갔습니다. 거기에서 스파게티를 _____. 그리고 콜라도 _____. 식사 후에 사진도 많이 _____. 돌아올 때는 지하철을 탔습니다. 정말 즐거운 하루였습니다.

◆ N + 때 ◆

다음의 표를 보고 문장을 만드십시오.

연 도	사 건	은정의 나이
1988년	서울 올림픽 개최	중학생 (15세)
1989년	독일 통일	중학생 (16세)
1991년	걸프 전쟁(Gulf War)	고등 학생 (18세)
1997년	다이애나 영국 왕세자비 사망	대학원생

1. 사라: 은정 씨, 서울 올림픽이 언제 열렸어요?
   은정: 1988년에 열렸어요. 제가 **열다섯 살 때**였어요.

2. 사라: 은정 씨, 독일이 언제 통일됐지요? 1991년이었어요?
   은정: 아니요. 제가 _____ 통일됐어요. 그러니까 1989년이었어요.

3. 사라: 은정 씨, 걸프 전쟁 알아요? 쿠웨이트와 이라크의 싸움이요.
   은정: 네, 알아요.
   사라: 그 전쟁이 언제 일어났어요?
   은정: 1991년에 일어났어요. 제가 _____였어요.

4. 사라: 다이애나 영국 왕세자비가 몇 년에 죽었어요? 혹시 기억이 나요?
   은정: 제가 _____ 그 일이 있었어요. 그러니까 1997년에 죽었어요.

◆ N+전에/후에 ◆

식사 전에 청소를 했습니다.　　　　　　　　　　　　식사 후에 친구를 만났습니다.

년, 월, 일

	년	월	일	주일	시간 / 분
1	일 년 전에	한 달 전에 일 개월 전에	하루 전에	일 주일 전에	한 시간 전에 일 분 전에
2	이 년 전에		이틀 전에		
3		석 달 전에 (=세 달 전에)		삼 주일 전에	삼 분 전에
4		넉 달 전에 (=네 달 전에) 사 개월 전에			

날 (하루, 이틀 …)

하루	이틀	사흘	나흘	닷새	엿새	이레	여드레	아흐레	열흘
1일	2일	3일	4일	5일	6일	7일	8일	9일	10일

I. '-전에, -후에'를 사용하여 쓰십시오.

1. 사라: 말린 씨, 한국에서 얼마 동안 살았어요?
   말린: 2년 동안 살았어요.
   사라: 그래요? 그러면 한국에 2년 **전에** 왔어요?
   말린: 네. 그런데 사라 씨는 언제 한국에 왔어요?
   사라: 1년 6개월 _____ 왔어요.

2. 미라: 내일도 병원에 옵니까?
   의사: 아니요. 이 약은 이틀분입니다. 그러니까 이틀 _____ 오십시오.

3. 민호: 영민 씨가 언제 이사 갔어요?
   수진: 일 주일 _____ 이사 갔어요.
   민호: 지난 주에요? 저는 몰랐어요.

4. 민수: 여보세요?
   한나: 여보세요? 김영민 씨 부탁합니다.
   민수: 김영민 씨는 지금 회의중입니다.
   한나: 회의가 언제 끝납니까?
   민수: 1시간쯤 후에 끝날 겁니다. 뭐라고 전할까요?
   한나: 저는 김한나입니다. 제가 1시간쯤 _____ 다시 걸겠습니다.

5. 한나: 리처드 씨, 여기 살아요?
   리처드: 네. 한 달 _____ 이사 왔어요.
   한나: 그래요? 몰랐어요. 집들이는 했어요?
   리처드: 아니요. 짐을 좀 정리하고 일 주일쯤 _____ 할 거예요.

II. 다음 그림을 보고 쓰십시오.

마이클은 아침 6시에 일어납니다. 제일 먼저 조깅을 합니다. _____ 후에 면도하고 샤워를 합니다. 그런데 보통 면도는 _____ 전에 합니다. 샤워 후에 _____. 그리고 _____ 전에 잠깐 동안 신문을 봅니다.

◆ V + -기 전에
◆ V + -(으)ㄴ 후에/다음에

세수하기 전에 이를 닦습니다.　　　　　　　　　　**세수한 후에 옷을 입습니다.**

기본형	어간	-기 전에	-(으)ㄴ 후에/다음에
보다	보	보기 전에	본 후에
입다	입	입기 전에	입은 후에

연습

기본형	-기 전에	-(으)ㄴ 후에/다음에	
시작하다	시작하기 전에	시작한 후에	
이사가다			
닦다		닦은 후에	
읽다			
듣다	듣기 전에	들은 후에	ㄷ → ㄹ
걷다			
만들다		만든 후에	ㄹ → ∅
열다			
줍다	줍기 전에	주운 후에	ㅂ → 우
돕다			

다음은 리처드가 오늘 한 일입니다. '-기 전에, -(으)ㄴ 후에'를 사용하여 글을 완성하십시오.

> 집 → 은행(돈 찾기) → 인형 가게 → 우체국 → 이화여대(한국어 수업) →
> 한나씨 집(생일 파티) → 집(11시 30분)

리처드는 오늘 이화여대에 갔습니다. 이화여대에 **가기 전에** 은행에 갔습니다. 왜냐 하면 돈이 없었기 때문입니다. 은행에서
(가다)

돈을 _____ 인형 가게에 갔습니다. 가게에서 인형을 샀습니다. 리처드는 이화여대에 _____ 우체국에도 들렀습
　　　(찾다)　　　　　　　　　　　　　　　　　　　　　　　　　　　　　　　　　　(가다)

니다. 우체국에서 편지를 보냈습니다. 이화여대에서 한국어 _____ 한나의 집에 갔습니다. 오늘이 한나의 생일이기
　　　　　　　　　　　　　　　　　　　　　　　(수업을 하다)

때문입니다. 생일 케이크에 촛불을 켰습니다. 촛불을 _____ 생일 축하 노래를 불렀습니다. 노래가 끝나고 한나는 촛불
　　　　　　　　　　　　　　　　　　　　(켜다)

을 껐습니다. 촛불을 끈 후에 친구들은 한나에게 생일 선물을 주었습니다. 리처드는 한나에게 인형을 주었습니다. 파티에서 맛

있는 음식도 먹고 이야기도 많이 했습니다. 파티가 _____ 집에 갔습니다.
　　　　　　　　　　　　　　　　　　　　　(끝나다)

어휘 (Vocabulary Focus)

관광지에서

I. _____에 맞는 말을 골라 쓰십시오.

| 수상 시장 | 기념품 가게 | 국제 공항 | 유적지 | 해변 |

1. 호텔 옆에 있는 **기념품 가게**에서 티셔츠와 그림 엽서를 샀습니다.
2. 우리는 파리로 가는 비행기를 탔습니다. 비행기는 오후 3시에 드골 _____에 도착했습니다.
3. 태국에 갔습니다. _____에서 맛있는 열대 과일을 사 먹었습니다.

전공

II. 관련 있는 낱말을 찾아 쓰십시오.

| 경제학 | 철학 | 정치학 | 경영학 | 사회학 | 법학 | 의학 | 교육학 |

1. 나라   다스리다   국회 의원   : **정치학**
2. 회사   경영   사장   : _____
3. 의사   간호사   질병   : _____
4. 검사   변호사   판사   : _____
5. 소크라테스 플라톤   공자   : _____

III. 낱말 맞추기

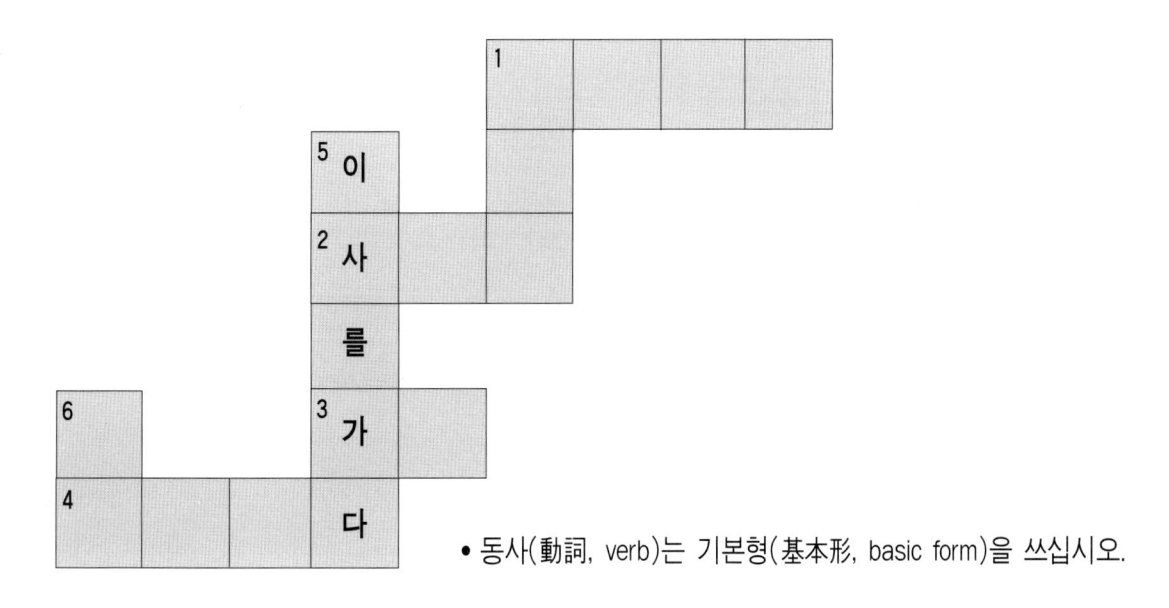

- 동사(動詞, verb)는 기본형(基本形, basic form)을 쓰십시오.

가로

1. "만나서 반갑습니다. 앞으로 잘 _____."
2. 회사에서 제일 높은 사람입니다.
3. _____로 종이를 자릅니다.
4. '끝나다'의 반대말입니다.

세로

1. 아버지와 어머니를 뭐라고 말합니까?
5. 집을 서울에서 부산으로 옮기다.
6. '시골'의 반대말입니다. 서울, 부산, 도쿄 등.

상황 표현 (Function Focus)

첫인사 나누기

오늘 처음 회사에 출근했습니다. 자신을 소개하고 마지막 인사는 어떻게 말할까요?

(사무실에서)
김영수: 여러분, 신입 사원 수잔 베이커 씨입니다.
수잔 베이커: 안녕하세요? 수잔 베이커입니다. 여러분과 같이 일하게 되어서 반갑습니다. _____.

(1) 앞으로 잘 부탁드립니다   (2) 부탁이 있습니다

정보 얻기: 일의 목적이나 이유 묻기

처음 만난 사람에게 한국에 온 목적이나 이유를 물을 때 어떻게 말할까요?

준호: 한국에 언제 오셨습니까?
한스: 이 주일 전에 왔습니다.
준호: _____?
한스: 회사 일 때문에 왔습니다.

(1) 왜 왔습니까   (2) 무슨 일로 오셨습니까

대화 (Sample Dialogs)

Ⅰ. 다음을 읽고 답하십시오.

> 영민: 안녕하세요? 제 이름은 박영민입니다.
> 샐리: 안녕하세요? 저는 김샐리예요.
> 영민: 만나서 반갑습니다. 저는 옆집에 삽니다. 언제 이사왔습니까?
> 샐리: 일 주일 전에 이사왔어요.
> 영민: 샐리 씨는 재미 교포입니까?
> 샐리: 네, 미국 샌프란시스코에서 왔어요. 세 살 때 부모님과 같이 미국에 갔어요.
> 영민: 그런데 한국에는 무슨 일로 오셨습니까?
> 샐리: 저는 대학교에서 경제학을 전공했어요. 한국에서 일하고 싶어서 왔어요. 앞으로 잘 부탁드립니다.
> 영민: 어려운 일 있으면 말씀하세요.

1. 샐리는 부모님과 같이 세 살 때 미국으로 이민 갔다.

    네_____ 아니요_____

2. 샐리는 무엇을 공부했습니까?

    _____.

3. 샐리는 왜 한국에 왔습니까?

    _____.

Ⅱ. 다음을 읽고 답하십시오.

> 민호: 오랜만입니다. 휴가는 잘 보냈어요?
> 마이클: 네, 잘 보냈어요.
> 민호: 어디에 다녀왔어요?
> 마이클: 동남아시아를 여행했어요.
> 민호: 얼마 동안 여행했어요?
> 마이클: 일 주일 동안 여행했어요. 태국하고 홍콩하고 싱가포르를 구경했어요. 홍콩에서 이틀, 싱가포르에서 이틀, 태국에서 나흘 있었는데, 태국이 제일 재미있었어요.
> 민호: 태국에서 뭐 했어요?
> 마이클: 거기에서 맛있는 과일을 많이 먹었어요. 그리고 배도 타고 수상 스키도 탔어요. 수영도 많이 했어요. 정말 재미있었어요.
> 민호: 언제 돌아왔어요?
> 마이클: 그저께 밤에 왔어요.

1. 마이클은 태국을 3일 동안 여행했다.

   네_____   아니요_____

2. 마이클은 태국에서 배도 타고 _____도 탔다. 그리고 바다에서 수영도 했다.

3. 오늘은 8월 15일입니다. 마이클은 몇 월 몇 일에 돌아왔습니까?

   _____

4. 석 달 동안 친구를 못 만났습니다. 그 친구를 만났을 때 뭐라고 말합니까? 위에서 찾아 쓰십시오.

   _____

Ⅲ. 다음을 읽고 답하십시오.

> 수미: 민호 씨, 왜 어제 전화 안 했어요?
> 민호: 음— 어제 아주 바빴어요.
> 수미: 그래요? 어제 1시에 무엇을 했어요?
> 민호: 1시에 학교 앞 식당에서 점심 식사를 했어요.
> 수미: 그러면 왜 오후 4시에 전화 안 했어요?
> 민호: 아, 그 때는 학교 도서관에서 친구하고 같이 공부를 했어요.
> 수미: 그래요? 그러면 어제 밤 10시에 어디에 있었어요?
> 민호: 어제 밤 10시요? 집에서 텔레비전을 봤어요.
> 수미: 무슨 프로그램이었어요?
> 민호: 에— 생각이 잘 안 나요. 아주 재미있었는데……
> 수미: 10시 스포츠 뉴스였어요?
> 민호: 맞아요. 스포츠 뉴스였어요. 너무 재미있어서 전화 못 했어요.
> 수미: 민호 씨, 일요일 10시에는 스포츠 뉴스를 안 해요. 그 시간에 다른 여자와 데이트하고 있었죠?

1. 수미는 민호를 의심한다.

   네_____   아니요_____

2. 민호는 어제 밤 10시에 스포츠 뉴스를 보았다.

   네_____   아니요_____

3. 민호는 수미의 남자 친구다.

   네_____   아니요_____

제 7 과

교통

문법 및 구조 (Grammar Focus)

◆ **수단의 부사격 조사: -(으)로** ◆

어떤 행위에 대한 수단이나 도구를 나타내는 조사이다.

버스	버스로 가다
트럭	트럭으로 가다
지하철	*지하철로 가다

걷다 → 걸어요 → 걸어서

- 민호는 집까지 **걸어서** 갑니다.

- 나는 보통 학교에 지하철**로** 갑니다.

◆ **보조사: -에서(부터) -까지** ◆

장소의 출발지와 도착지를 나타낼 때 사용한다.

(서울 → 부산)

- 이 버스는 서울**에서** 부산**까지** 갑니다.

Ⅰ. 일본 후쿠오카에서 롯데호텔까지 어떻게 갈 겁니까? 다음 표를 보고 _____에 맞게 쓰십시오.

| 후쿠오카 → 부산 → 서울 → 롯데호텔 |
| 배 　　　　비행기　　　　택시 |

다나카는 일본 후쿠오카에 삽니다. 다나카는 다음 주에 서울에 갈 겁니다. 그런데 서울행 비행기표를 살 수 없었습니다. 그래서 다른 방법으로 가기로 했습니다. 후쿠오카**에서** 부산_____ 배로 갈 겁니다. 부산 _____ 서울까지는 _____ 갈 겁니다. 그리고 공항_____ 롯데호텔_____는 _____ 갈 겁니다.

Ⅱ. 다음은 은주의 하루입니다. _____에 맞게 쓰십시오.

| 에　　　에서　　　부터　　　까지　　　(으)로 |

은주는 7시**에** 일어납니다. 그리고 7시 반_____ 아침 식사를 합니다. 8시에 학교에 갑니다. 학교는 집에서 가깝습니다. 그래서 걸어서 갑니다. 9시_____ 12시_____ 공부를 합니다. 12시에 학교 식당_____ 친구들과 함께 식사를 합니다. 5시까지 도서관_____ 공부를 합니다. 그리고 6시_____ 수영장_____ 갑니다. 7시 반쯤_____ 집_____ 갑니다. 집에 갈 때는 보통 지하철_____ 갑니다.

Ⅲ. 다음 지하철 노선도를 보고 대화를 완성하십시오.

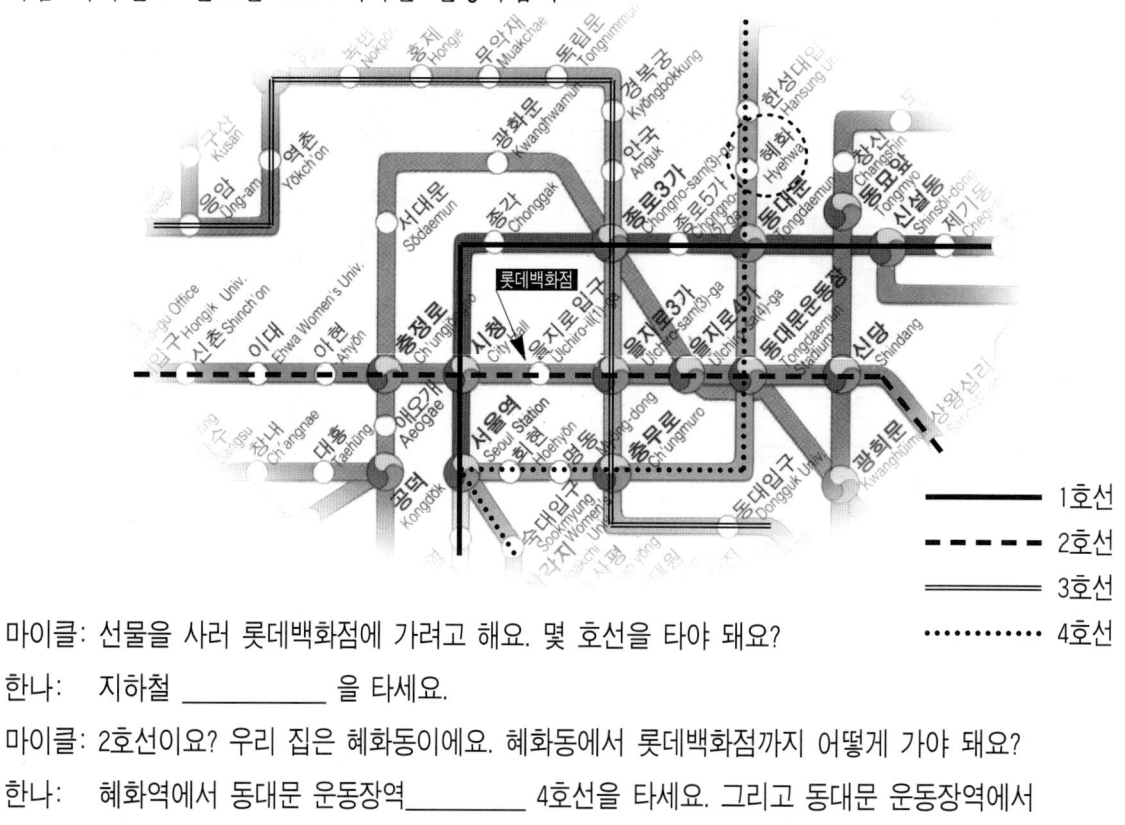

――――― 1호선
- - - - - 2호선
═════ 3호선
········· 4호선

마이클: 선물을 사러 롯데백화점에 가려고 해요. 몇 호선을 타야 돼요?
한나:　 지하철 _____ 을 타세요.
마이클: 2호선이요? 우리 집은 혜화동이에요. 혜화동에서 롯데백화점까지 어떻게 가야 돼요?
한나:　 혜화역에서 동대문 운동장역_____ 4호선을 타세요. 그리고 동대문 운동장에서 2호선으로 _____. 2호선 _____역에서 내리세요.
마이클: 고마워요.

◆ 부정 (否定, negative)형 II : -지 않다 ◆

동작이나 상태의 부정은 '안+동사' 뿐만 아니라 '-지 않다'로도 나타낸다.

- 한나는 이번 주에 도서관에 안 갑니다.
- 한나는 이번 주에 도서관에 가**지 않습니다.**

연습

기본형	어간	-지 않다
기다리다	기다리	기다리지 않다
읽다		
듣다		
열다		
좁다		

'-지 않다'를 사용해서 다음 대화를 완성하십시오.

1. 피터: 마크 씨, 한국어 수업이 끝난 후에 도서관에서 공부했습니까?
   마크: 네.
   피터: 미셸 씨도 같이 공부했습니까?
   마크: 아니요, 미셸 씨는 **공부하지 않았습니다.** 여자 친구와 영화관에 갔습니다.

2. 마이클: 제임스 씨는 요즘도 태권도를 배웁니까?
   제임스: 아니요, 요즘은 _____. (배우다)
   마이클: 왜요?
   제임스: 회사 일이 너무 바빠서 시간이 없습니다.

3. 마크: 컴퓨터도 책상 위에 놓을 겁니까?
   피터: 아니요, 컴퓨터는 책상 위에 _____. (놓다)
   컴퓨터 책상을 주문했습니다.

4. 마사코: 여보세요? 병원이지요?
   간호사: 네, 그렇습니다.
   마사코: 일요일 오전에도 진료합니까?
   간호사: 아니요, 일요일은 _____. (진료하다)
   마사코: 네, 알겠습니다.

5. 영호: 이 음식도 니콜 씨가 만들었습니까?
   니콜: 아니요, 그 음식은 제가 _____. (만들다)
   그렇지만 다른 음식은 모두 제가 만들었습니다.

6. 마크: 한스 씨, 우리 회사 앞의 식당이 왜 문을 닫았습니까?
   한스: 어제부터 휴가라서 일 주일 동안 문을 _____. (열다)

◆ 아직+부정 (否定, negative form) ◆

A: 친구에게 연락했습니까?
B: 아니요, **아직 연락하지 않았습니다**. 오늘 저녁에 연락할 겁니다.

다음 중에서 알맞은 동사를 골라서 _____에 맞게 쓰십시오.

| 사다 | 보내다 | 예약하다 | 먹다 | 오다 |

1. 제임스: 다음 주에 뭐 할 겁니까?
   민호: 여행을 갈 겁니다.
   제임스: 어디로 갈 겁니까?
   민호: 동남아시아로 가려고 합니다.
   제임스: 비행기표는 샀습니까?
   민호: 네. 그런데 호텔은 아직 **예약하지 않았습니다**. 내일 예약하려고 합니다.

2. 수잔: 미국에 계신 부모님께 크리스마스 선물을 보냈습니까?
   사라: 선물은 샀습니다. 그런데 아직 _____.
   퇴근 후에 우체국에 갈 겁니다.

3. 마이클: 필요한 가구는 다 샀습니까?
   제임스: 아니요, 아직 _____. 어디에서 싸게 팝니까?
   마이클: 서울백화점에서 할인 판매를 합니다. 서울백화점에 가 보세요.

4. 유진: 마이클 씨, 미국에서 친구가 왔습니까?
   마이클: 아니요, 아직 _____. 내일 저녁에 올 겁니다.

5. 피터: 감기약 먹었어요?
   마크: 아니요, 아직 _____. 식사 후에 먹을 거예요.

◆ 미래 시제 (未來時制, future tense) ◆

기본형	어간	-(으)ㄹ 겁니다
보다	보	볼 겁니다
먹다	먹	먹을 겁니다

연습

기본형	-(스)ㅂ니다	-(으)ㄹ 겁니다	
꺼내다	꺼냅니다	꺼낼 겁니다	
만나다			
운동하다			
숙제하다			
읽다			
앉다			
묻다	묻습니다	물을 겁니다	ㄷ → ㄹ
걷다			
팔다	팝니다	팔 겁니다	ㄹ → ∅
만들다			
줍다		주울 겁니다	ㅂ → 우
돕다			

Ⅰ. 다음은 민호의 이번 주말 계획표입니다. 계획표를 보고 대화를 완성하십시오.

시간	토요일	일요일
오전 9:00	수영하다	청소하다
10:00		교회에 가다
11:00		
오후 2:00	서점에 가다	백화점에 가다
4:00	명동에서 친구를 만나다	
5:00	영화를 보다	친구 집들이에 가다

제 7 과 교통

사라: 민호 씨, 토요일 오후에 뭐 할 거예요?

민호: 오후 4시에 명동에 갈 거예요. 친구를 _____.

사라: 그래요? 토요일에 쇼핑할 거예요?

민호: 아니요, _____. 일요일에 쇼핑할 거예요. 그래서 오후 2시쯤에 백화점에 _____.

사라: 그런데 요즘은 운동을 안 해요?

민호: 아니요, 요즘도 시간이 있으면 수영을 해요. 이번 주에는 토요일 오전 9시에 _____.

Ⅱ. 김재호는 현재 26세입니다. 그리고 다음과 같은 인생 계획이 있습니다. 계획표를 보고 _____에 맞게 쓰십시오.

나이	계획
20대	졸업, 회사 취직
30대	결혼, 승진
40대	사업 시작
50대	세계 여행

| 취직하다 | 재미있다 | 배우다 | 다니다 | 결혼하다 | 그만두다 |
| 일하다 | 여행하다 | 시작하다 | 먹다 | 입학하다 | 바쁘다 |

김재호는 23세에 대학교를 **졸업했습니다.** 그리고 바로 회사에 _____. 지금은 회사원입니다. 요즘은 회사 일이 많아서 아주 _____. 그렇지만 나중을 위해서 지금 영어하고 컴퓨터를 _____. 김재호는 30대 후반에 _____. 40대 초반에는 회사를 _____. 그리고 사업을 _____. 50대에는 부인과 함께 세계를 _____.

어휘 (Vocabulary Focus)

지하철역 표지

I. 다음 표지와 단어를 보고 _____에 맞는 답을 쓰십시오.

| 물품 보관소 | 비상구 | 출입 금지 | 금연 | 매표소 | 계단 |

1. A: 실례합니다. 지하철표를 사려고 하는데요. **매표소**가 어디에 있습니까?
   B: 똑바로 가시면 오른쪽에 있습니다.

2. 지하철에서는 담배를 피우지 마십시오. _____입니다.

3. 지하철이나 공항에는 물건을 맡길 수 있는 _____가 있습니다.

4. 거리가 멀지 않을 때는 에스컬레이터 대신에 _____을 이용합니다.

5. 이 곳은 직원들만 출입할 수 있습니다. 일반인들은 _____구역입니다.

교통 수단

II. 다음은 어떤 교통 수단과 관계가 있습니까? 찾아서 쓰십시오.

| 기차 | 지하철 | 비행기 | 고속버스 | 배 | 택시 | 자전거 |

1. 매표소   3호선   1구간   지하   : **지하철**
2. 새마을호 무궁화호 통일호   서울역   : _____
3. 일등석   항공   왕복표   스튜어디스 : _____
4. 수상 교통 파도   여객선   바다   : _____

Ⅲ. 낱말 맞추기

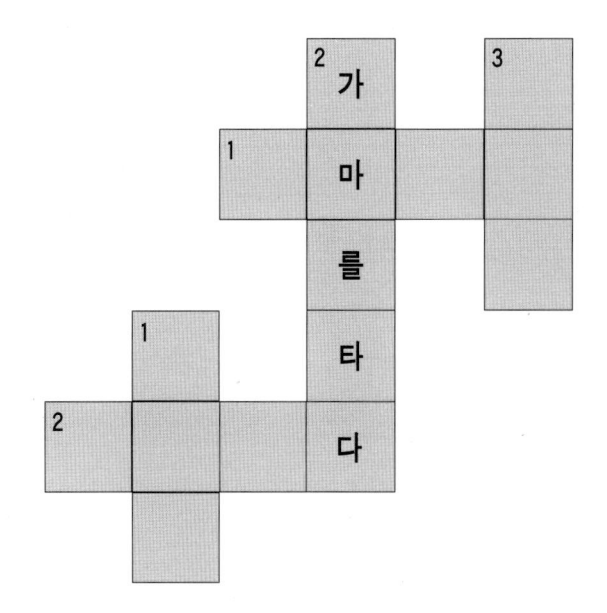

		2	가		3
	1		마		
			를		
		1	타		
	2		다		

• 동사(動詞, verb)는 기본형(基本形, basic form)을 쓰십시오.

가로
1. 가장 빠른 기차
2. 해외 여행을 갈 때는 여권을 _____.

세로
1. 병원이나 집에 언제나 준비해 두는 약
2. 옛날에 양반집 여자들은 먼 곳에 갈 때 _____.
3. 제일 먼저 만들어진 지하철

상황 표현 (Function Focus)

정보 얻기: 소요 시간

마이클은 설악산으로 여행을 가려고 합니다. 그런데 서울에서 설악산까지 얼마나 가야 하는지 잘 모릅니다. 어떻게 소요 시간을 물어 볼까요?

마이클: 설악산이 서울에서 멉니까?
민호: 네, 조금 멉니다.
마이클: 차로 가면 _____?
민호: 5시간쯤 걸립니다.

    (1) 시간이 몇 시간입니까   (2) 시간이 얼마나 걸립니까

정보 얻기: 이름

수진은 여행사에 전화해서 기차표를 예약하고 있습니다. 여행사 직원은 손님에게 어떻게 이름을 물어 보겠습니까?

    수진: 오전 11시에 출발하는 새마을호로 예약해 주십시오.
    직원: 알겠습니다. 손님 _____?
    수진: 김수진입니다.

       (1) 성함이 어떻게 되십니까   (2) 이름이 무엇입니까

인사하기

사라와 유진은 아주 친한 친구입니다. 사라가 여행을 떠날 때 유진은 어떻게 인사할까요?

    사라: 이번 주말에 부산으로 여행을 갈 거야.
    유진: 그래? 그럼 _____.

       (1) 즐거운 시간 보내세요   (2) 재미있게 놀다 와

대화 (Sample Dialogs)

I. 다음을 읽고 답하십시오.

> 마이클: 진수 씨, 인천 월미도에 가려고 합니다. 어떻게 가야 합니까?
> 진수:　 신촌에서 지하철을 타십시오. 그리고 시청역에서 1호선으로 갈아타십시오. 인천행 지하철을 타야 합니다.
> 마이클: 그 다음에는 어떻게 합니까?
> 진수:　 인천역에서 내리십시오.
> 마이클: 인천역에서 내리면 월미도입니까?
> 진수:　 아닙니다. 버스를 한 번 타야 합니다. 월미도 가는 버스를 타십시오.
> 마이클: 신촌에서 월미도까지 시간이 얼마나 걸립니까?
> 진수:　 1시간 20분쯤 걸립니다.
> 마이클: 감사합니다.

1. 어디에서 1호선 지하철로 갈아탑니까?

   _____

2. 인천에서 월미도까지는 무엇으로 갑니까?

   _____

3. 월미도에 10시에 도착하고 싶습니다. 신촌에서 몇 시에 출발해야 합니까?

   _____

4. 진수는 마이클에게 월미도에 가는 길을 _____하고 있습니다.

   (1) 설명　　　　　　　(2) 소개

II. 다음을 읽고 답하십시오.

> (따르릉)
> 직원: 서울역입니다.
> 마이클: 2월 1일 오전 10시쯤 출발하는 부산행 기차가 있습니까?
> 직원: 네, 오전 9시 30분 무궁화호와 10시 30분 새마을호가 있습니다.
> 마이클: 요금은 얼마입니까?
> 직원: 무궁화호는 15,000원이고 새마을호는 24,500원입니다.
> 마이클: 시간이 얼마나 걸립니까?
> 직원: 무궁화호는 5시간 10분 걸리고, 새마을호는 4시간 15분 걸립니다.
> 마이클: 그럼 새마을호로 예약해 주십시오.
> 직원: 왕복입니까? 편도입니까?
> 마이클: 편도입니다.
> 직원: 손님 성함과 전화 번호를 말씀해 주십시오.
> 마이클: 제 이름은 마이클 스미스입니다. 전화 번호는 360-4114입니다.
> 직원: 네, 예약됐습니다.
> 마이클: 감사합니다.

1. 마이클은 지금 서울역에서 이야기한다.

    네_____ 아니요_____

2. 마이클은 부산에 몇 시에 도착합니까?

    _____

3. 마이클이 예약한 내용을 쓰십시오.

    | 날짜: |
    | 시간: |
    | 기차 종류: |
    | 기차표 종류: ☐ 편도 ☐ 왕복 |

Ⅲ. 다음을 읽고 답하십시오.

> 마이클: 민호 씨, 휴가가 언제입니까?
> 민호: 2월 1일부터 2월 10일까지입니다.
> 마이클: 어디에 갈 겁니까?
> 민호: 케냐에 갈 겁니다. 케냐에 제 친구가 있습니다. 그 친구를 만날 겁니다. 그리고 같이 여행을 할 겁니다.
> 마이클: 케냐에 어떻게 갑니까?
> 민호: 비행기로 서울에서 파리까지 갑니다. 거기에서 비행기를 갈아탑니다.
> 마이클: 그럼 케냐까지 시간이 얼마나 걸립니까?
> 민호: 17시간쯤 걸립니다.
> 마이클: 시간이 많이 걸리는군요. 그런데 민호 씨, 친구에게 연락을 했습니까?
> 민호: 아직 안 했습니다. 오늘 저녁에 전화할 겁니다.
> 마이클: 그럼 케냐에 잘 다녀오십시오.

1. 서울에서 케냐까지 갈 때 어디에서 비행기를 갈아타야 합니까?
   _____

2. 민호는 케냐에서 혼자 여행할 계획이다.

   네_____   아니요_____

3. 민호는 케냐에 있는 친구에게 전화했다.

   네_____   아니요_____

제 8 과

쇼핑 1

문법 및 구조 (Grammar Focus)

◆ 단위 의존명사 II ◆

종류	단위
아기, 여자, 학생, 어머니 …	명/사람
개, 고양이, 나비, 새 …	마리
우산, 사과, 모자, 아이스크림, 빵 …	개
커피, 우유, 주스, 물 …	잔
우표, 사진, 종이 …	장
책, 사전, 공책 …	권

· 책상 위에 사진 두 **장**과 사전 한 **권**이 있습니다.

다음 그림을 보고 쓰십시오.

1.
혜진: 동물을 좋아해요?
민정: 네. 고양이 **두 마리**를 길러요. 혜진 씨도 동물을 길러요?
혜진: 네, 저는 개 _____를 길러요.

2.
한나: 지금 슈퍼에 갈 건데 같이 갈까요?
미라: 지금 너무 바빠서 갈 수 없어요.
한나: 그러면 저한테 부탁할 거 있어요?
미라: 음ㅡ. 사과 _____ 사다 주세요.

3.
영민: 아저씨, 우표 _____하고 공책 _____ 주세요.
아저씨: 여기 있습니다.

◆ 수(數, number) Ⅳ ◆

Ⅰ. 다음 광고를 보고 대화를 완성하십시오. 숫자는 한국말로 쓰십시오.

1. ~~240,000원~~
   140,000원

   니콜: 제니퍼 씨, 이사 잘 했어요?
   제니퍼: 네. 그런데 아직 정리를 다 못 했어요.
   니콜: 새 가구도 샀어요?
   제니퍼: 아니요, 아직 하나도 사지 않았어요. 우선 침대를 하나 사야 하는데 너무 비싸요.
   니콜: 어제 신문에서 봤는데 침대를 싸게 파는 곳이 있어요. **이십 사만 원**짜리 침대를 ＿＿＿＿＿＿＿＿＿＿에 팔아요. 같이 가 볼까요?
   제니퍼: 네, 고마워요.

2. BMW525 검정색 95년 5월식 4만Km 오토 풀옵션
   특A급 판매 38,000,000원 할부, 카드 가능

   민수: 영미씨, 혹시 BMW 사고 싶어요?
   영미: 왜요?
   민수: 신문에 BMW 중고차를 판다는 광고가 있어서요.
   영미: 얼마예요?
   민수: ＿＿＿＿＿＿＿＿＿＿＿＿＿＿＿＿원이에요.
   영미: 그게 비싼 거예요? 싼 거예요?
   민수: 잘 모르겠어요. 왜요? 살 거예요?
   영미: 아니요, 저는 아직 운전 면허도 없어요.

3. ~~2,268,000원~~
   1,976,000원

   점원: 어떤 모델을 찾으십니까?
   영민: 광고지에서 봤는데 모델 이름이 F6623L7X예요.
   점원: 아! 이거요.
   영민: 네. 그런데 가격이 얼마입니까?
   점원: 정상 가격은 ＿＿＿＿＿＿＿＿＿＿원인데, 저희 매장에서는 할인해서 ＿＿＿＿＿＿원에 드립니다.

II. 다음 글을 읽고 답을 쓰십시오. 숫자는 한국말로 쓰십시오.

> 오늘은 일요일입니다. 니콜은 가방을 사고 싶었습니다. 그래서 오후에 이태원에 갔습니다. 쇼핑하려고 100,000원을 준비했습니다. 이태원에 가니까 멋진 가방들이 많이 있었습니다. 그리고 구두, 옷 등도 많이 있었습니다.
> 니콜은 가방을 샀습니다. 가방은 15,000원이었습니다. 그리고 구두도 샀습니다. 구두는 47,000원이었습니다. 조금 비쌌습니다. 바지도 사고 싶었습니다. 그런데 바지가 62,500원이었습니다. 바지가 너무 비쌌습니다. 돈이 모자랐습니다. 그래서 가방과 구두만 사고 6시에 집에 왔습니다.

1. 니콜은 어디에 갔습니까?

   _____

2. 처음에 니콜의 지갑에는 얼마가 있었습니까?

   _____

3. 무엇을 샀습니까? 얼마를 썼습니까?

   _____

4. 물건을 산 후에 니콜의 지갑에 돈이 얼마가 남아 있었습니까?

   _____

◆ **열거격 조사: N+와/과+N, N+하고+N** ◆

모음 + 와 자음 + 과	모자와 가방을 샀습니다. 가방과 모자를 샀습니다.
모음/자음 + 하고	모자하고 가방을 샀습니다. 가방하고 모자를 샀습니다.

1. **N + 와/과 + N**
   · 가방 안에 지갑과 호출기와 화장품이 있었는데 모두 잃어버렸습니다.

2. **N + 하고**

   > (1) N + 하고 + N
   >   나는 오늘 아침에 우유하고 빵하고 햄을 먹었습니다.
   >   ▶우유하고 빵하고 햄하고 먹었습니다. (×)
   >
   > (2) N + 하고 같이(=함께)
   >   마이클은 부인하고 같이 서울에 왔습니다.

다음 그림을 보고 쓰십시오.

1. 
학생: 이 학교에서 공부하고 싶은데 등록하려면 어떤 서류가 필요합니까?
직원: **신청서하고 여권**이 필요합니다.

2. 
딸: 여보세요?
엄마: 여보세요?
딸: 엄마, 저예요.
엄마: 그래, 지금 어디니?
딸: 슈퍼에 있어요. 과일을 좀 사려고 하는데 집에 과일이 있어요?
엄마: 과일은 하나도 없어. _____
_____를 사 와라.

3. 
사라: 여보세요?
엄마: 여보세요?
사라: 엄마, 제 책상 위에 호출기 있어요?.
엄마: 잠깐만. 책상 위에 호출기는 없고 _____만 있는데…….
사라: 알았어요.

4. 
니콜: 한국에 언제 왔어요?
요코: 2년 전에 왔어요.
니콜: 혼자 왔어요?
요코: 아니요, 남편**하고 같이** 왔어요.

5. 
민수: 어제 뭐 했어요?
영민: 어제 준호 씨_____ 같이 테니스 쳤어요.
민수: 그래요? 재미있었어요?

6. 
니콜: 한국말을 혼자 공부합니까?
미셸: 아니요, 선생님과 _____ 공부합니다. 니콜 씨는요?
니콜: 저는 보통 혼자 공부합니다. 그렇지만 가끔 한국 친구와 같이 공부합니다.

◆ 여격 조사: -에게(한테), -에 ◆

| 사람 / 동물 | 에게(한테) | 주다
가르치다
전화하다
던지다
쓰다 |

| 식물 / 물건 | 에 | 주다
던지다
쓰다 |

· 친구에게 생일 선물을 주었습니다.   · 꽃에 물을 주었습니다.

Ⅰ. 다음의 대화를 완성하십시오.

1. 요코: 마이클 씨의 생일 선물을 샀어요?
   한스: 네. **마이클 씨에게 모자를 줄 거예요.**
        (마이클, 모자, 주다)

2. 리사: 수잔 씨, 무슨 일을 해요?
   수잔: 저는 _____.
        (학생, 영어, 가르치다)

3. 민정: 사장님께서 화가 많이 나셨어요.
   영철: 왜요? 무슨 일이 있었어요?
   민정: 거래처에서 약속을 안 지켰어요. 그래서 아까 사장님께서 _____.
        (책상, 서류, 던지다)

4. 말린: 제가 일 주일 동안 출장을 갈 거예요. 그 동안 _____.
        (화분, 물, 주다)
   그리고 _____.
        (강아지, 밥, 물, 주다)
   마사코: 알았어요.

Ⅱ. 맞는 말을 골라 쓰십시오.

| 에 | 에게 | 을/를 | 이/가 | 에서 | 하고 | 에게서 |

미라: 민수 씨, 한나 씨는 요즘 어떻게 지내요?
민수: 잘 지내고 있어요. 그런데 지난 주에 이사했어요.
미라: 그래요? 지금 어디**에서** 살아요?
민수: 지금 인천_____ 살아요.
미라: 가족_____ 같이 살아요?
민수: 아니요, 혼자 살아요.
미라: 그러면 지금도 같은 회사_____ 다녀요?
민수: 아니요, 두 달 전에 그 회사는 그만두었어요.
미라: 지금은 뭐 해요?
민수: 아직 취직 안 했어요. 집_____ 있어요.
미라: 그래요? 그런데 한나 씨 집 전화 번호를 알아요? 제가 한나 씨_____ 책_____ CD를 주어야 해요.
민수: 그래요? 지금 한나 씨_____ 전화하세요. 지금쯤 집_____ 있을 거예요.

제 8 과 79 쇼핑 1

◆ 희망의 보조형용사: -고 싶다 ◆

자기 자신의 희망이나 소원을 말할 때 사용한다.

기본형	어간	긍정 -고 싶다	부정 -고 싶지 않다
가다	가	가고 싶다	가고 싶지 않다
먹다	먹	먹고 싶다	먹고 싶지 않다

연습

기본형	-고 싶다	-고 싶지 않다
만나다		
읽다		
걷다		
팔다		
줍다		

다음 대화를 완성하십시오.

1. 마리코: 한나 씨는 대학 졸업 후에 뭐 할 거예요?
   한나: 저는 미국으로 **유학을 가고 싶어요**. 요코 씨도 계속 공부할 거예요?
   　　　　　　　　　(유학을 가다)
   마리코: 아니요, 저는 _____. 빨리 회사에 _____.
   　　　　　　　　　　　(공부하다)　　　　　　　　　　　　　(취직하다)

2. 은영: 민호 씨, 오늘 점심에 중국 음식 먹을까요?
   민호: 글쎄요. 중국 음식은 _____. 일식은 어때요?
   　　　　　　　　　　　　　　(먹다)
   은영: 좋아요. 오늘은 일식집에 가서 생선회를 먹읍시다.

3. 미라: 영민 씨는 이번 휴가에 뭐 하고 싶어요?
   영민: 일 주일 내내 바다에서 _____. 미라 씨는요?
   　　　　　　　　　　　　　　　(수영하다)
   미라: 저는 집에서 _____.
   　　　　　　　　　　　(쉬다)

4. (피터, 빈스, 사라는 복권을 샀습니다.)

   빈스: 피터 씨, 이 복권에 당첨되면 뭐 하고 싶어요?

   피터: _____. (세계 여행을 하다)

   사라 씨는요?

   사라: 저는 집을 _____. (사다) 빈스 씨는요?

   빈스: 이탈리아에 _____. (돌아가다)

   지금 돈이 하나도 없어서 갈 수 없거든요.

◆ **높임말** ◆

한국에서는 어른을 높여서 말한다. 이 때 사용하는 말을 높임말이라고 한다.

- 민호는 내 친구입니다. 민호는 중국 음식을 좋아합니다.
- 우리 아버지**께서는** 중국 음식을 **좋아하십니다.**

다음 이야기를 읽고 _____에 알맞은 높임말을 쓰십시오.

오늘은 어머니의 **생신**입니다. 우리 어머니의 _____는 쉰네 살이십니다. 어머니께서는 여름에 _____.
　　　　　　　　　　　　　　　(생일)　　　　　　(나이)　　　　　　　　　　　　　　　(태어나다)

어머니께서는 늘 우리를 위해서 _____. 우리 가족 중에서 항상 제일 먼저 _____ 고 가장 늦게
　　　　　　　　　　　　　(고생하다)　　　　　　　　　　　　　　(일어나다)

_____. 그리고 언제나 집안을 깨끗하게 _____. 어머니____ 전에 학교 선생님_____.
(자다)　　　　　　　　　　　　　　(청소하다)　　　　(는)　　　　　　　　　(이다)

어머니____ 학교를 그만두시고 3년 전부터 집에 _____. 나는 오늘 아침 어머니_____ 선물을
　　(는)　　　　　　　　　　　　　　　　　(있다)　　　　　　　　　　　(에게)

_____. 어머니____ 너무 기쁘다고 _____.
(주다)　　　　(가)　　　　　　(말하다)

제 8 과 **81** 쇼핑 1

어휘 (Vocabulary Focus)

친족

I. 다음을 보고 누구를 가리키는 말인지 찾아 쓰십시오.

| 큰아버지 | 큰어머니 | 작은아버지 | 작은어머니 | 삼촌 | 고모 |

1. 아버지의 여동생을 뭐라고 합니까?

   고모

2. 아버지의 남동생인데 아직 결혼하지 않았습니다. 뭐라고 불러야 합니까?

   _____

3. 아버지 형의 부인을 뭐라고 합니까?

   _____

II. 무엇을 설명하는 낱말입니까?

| 만년필 | 연필 | 환갑 | 생일 | 액세서리 |
| 자동차 | 향수 | 여행 | 선물 | 사진 |

1. 향기   꽃   CHANEL No. 5   : 향수
2. 액자   카메라   필름(film)   여행   : _____
3. 펜   잉크   선물   Parker(✈)   : _____
4. 반지   목걸이   귀걸이   팔찌   : _____
5. 축하   61세   생신   잔치   : _____

III. 낱말 맞추기

1.
꽃	바	다	꽃	카	드	화	생
집	다	바	파	휴	라	케	이
자	구	발	티	면	이	선	수
니	화	표	하	크	아	초	물

1. 여자 친구에게 예쁜 안개 **꽃다발**을 선물할 겁니다.
2. 어머니께 멋있는 장미가 담긴 ○○○○를 선물할 겁니다. 그리고 ○○도 쓸 겁니다.
3. 맛있는 생일 ○○○ 위에 예쁜 초를 꽂아야 합니다.
4. ○○을 사러 백화점에 갈 겁니다.
5. 가족들과 함께 저녁에 생일 ○○를 할 겁니다.

상황 표현 (Function Focus)

용건 묻기

가게에 손님이 오면 주인은 인사를 하고 왜 왔는지 물어 봅니다. 어떻게 말할까요?

주인: 어서 오십시오. _____?
마이클: 한국어 사전을 사려고 합니다. 한국어 사전이 있습니까?

    (1) 무엇을 살 겁니까   (2) 뭘 찾으십니까

가격 흥정하기

값을 물어 보았는데 조금 비싼 것 같습니다. 싸게 사고 싶습니다. 어떻게 말할까요?

크리스: 이 까만색 구두는 얼마입니까?
주인: 그 구두는 83,000원입니다.
크리스: 그래요? 좀 비싸군요. _____.

    (1) 좀 깎으세요   (2) 좀 깎아 주세요

추천하기

자기가 좋다고 생각하는 것을 다른 사람에게 추천해서 말할 때 어떻게 말하는 것이 좋을까요?

수지: 샐리 씨, 폴 씨의 생일에 어떤 선물이 좋을까요?
샐리: 폴 씨가 한국말을 공부하니까 _____.

    (1) 한국어 사전이 좋겠어요   (2) 한국어 사전을 삽시다

대화 (Sample Dialogs)

I. 다음을 읽고 답하십시오.

> 주인: 어서 오세요.
> 샐리: 이 사과는 얼마예요?
> 주인: 다섯 개에 2,000원입니다.
> 샐리: 너무 비싸요. 이건 얼마예요?
> 주인: 그건 여섯 개에 2,000원이에요.
> 샐리: 이것으로 주세요. 이 수박은 얼마예요?
> 주인: 14,000원이에요.
> 샐리: 너무 비싸요.
> 주인: 요즘 수박철이 아니라서 비싸요.

1. 어디에서 하는 대화입니까?

   (1) 학교   (2) 가방 가게   (3) 과일 가게

2. 샐리는 사과 6개를 사고 2,000원을 주었다.

   네_____ 아니요_____

3. 샐리는 수박을 14,000원에 샀다.

   네_____ 아니요_____

4. 수박은 왜 비쌉니까?

   _____

II. 다음을 읽고 답하십시오.

> 크리스: 영화표 두 장 주세요.
> 극장 직원: 몇 회요?
> 크리스: 3회입니다.
> 극장 직원: 3회는 매진입니다. 4회는 있습니다.
> 크리스: 4회는 몇 시에 시작합니까?
> 극장 직원: 5시에 시작합니다.
> 크리스: 4회로 두 장 주십시오.
> 극장 직원: 12,000원입니다.
> 크리스: 여기 있습니다.
> 극장 직원: 감사합니다.

1. 어디에서 하는 대화입니까?

   (1) 영화관 안에서   (2) 매표소 앞에서

2. 크리스는 혼자 영화를 보러 갔다.

   네_____ 아니요_____

3. 3회 표는 다 팔렸다.

   네_____ 아니요_____

4. 영화표는 한 장에 6,000원이다.

   네_____ 아니요_____

Ⅲ. 다음을 읽고 답하십시오.

> 수잔: 다음 주 일요일에 시간이 있어요? 은주 씨하고 영화를 보고 싶어요.
> 은주: 안 돼요. 다음 주 일요일은 할머니 ① <u>생일</u>이에요.
> 수잔: 할머니 ① <u>생일</u> 선물은 샀어요?
> 은주: 아니요, 아직 못 샀어요. 오늘 살 거예요. 수잔 씨, 어떤 것이 좋아요?
> 수잔: 글쎄요. 할머니 옷은 어때요?
> 은주: 옷은 언니가 살 거예요.
> 수잔: 난 지난 번 어머니 생신에 반지를 사 ② <u>주다</u>. 아주 ③ <u>좋아하다</u>.
> 은주: 아, 그래요? 반지가 좋겠어요.

1. 은주와 수경은 일요일에 영화를 볼 거다.

   네_____ 아니요_____

2. 할머니 선물로 은주의 언니는 _____을 사고 은주는 _____를 살 거다.

3. 밑줄 친 부분을 높임말로 바꾸어 쓰십시오.

   ① _____ ② _____ ③ _____

Ⅳ. 다음을 읽고 답하십시오.

> 점원: _____. 뭘 찾으십니까?
> 은주: 반지를 하나 사고 싶어요. 어떤 것이 있어요?
> 점원: 누가 낄 겁니까?
> 은주: 할머니께 선물할 거예요.
> 점원: 이건 어떻습니까?
> 은주: 너무 화려하고 커요. 모양은 이거 한 가지만 있습니까?
> 점원: 여기 여러 가지가 있습니다. 이 쪽을 보십시오.
> 은주: 음— 이 모양이 좋아요. 이건 얼마예요?
> 점원: 300,000원입니다.
> 은주: 너무 비싸요. 제가 200,000원쯤 준비했어요.
> 점원: 그러면 이것은 어떻습니까? 220,000원인데 가격도 괜찮고 모양도 아주 예쁩니다.
> 은주: 좋아요. 이게 마음에 듭니다. 이것을 주세요.

1. 할머니는 화려한 것을 좋아하신다.

   네_____ 아니요_____

2. 은주는 300,000원을 준비했다.

   네_____ 아니요_____

3. 은주는 얼마짜리 반지를 샀습니까? 숫자는 한국말로 쓰십시오.

   _____

4. 가게나 자기 집에 손님이 들어올 때 뭐라고 합니까? _____에 맞는 것은 무엇입니까?

   (1) 또 오십시오   (2) 어서 오십시오

제 9 과

문법 및 구조 (Grammar Focus)

◆ 능력·가능의 보조동사: -(으)ㄹ 수 있다/없다

사람의 능력이나 어떤 일의 가능 여부를 말할 때 사용한다.

> 1. **능력**
> 　제임스는 전에 피아노를 배웠습니다. 그래서 피아노를 칠 수 있습니다.
>
> 2. **가능/불가능**
> 　A: 내일 두 시쯤 만날 수 있어요?
> 　B: 네, 괜찮아요.

기본형	어간	-(으)ㄹ 수 있다	-(으)ㄹ 수 없다
가다	가	갈 수 있다	갈 수 없다
먹다	먹	먹을 수 있다	먹을 수 없다

연습

기본형	-(으)ㄹ 수 있다	-(으)ㄹ 수 없다	
만나다	만날 수 있다	만날 수 없다	
수리하다			
먹다	먹을 수 있다	먹을 수 없다	
닫다			
듣다	들을 수 있다	들을 수 없다	ㄷ → ㄹ
묻다			
만들다	만들 수 있다	만들 수 없다	ㄹ → ∅
팔다			
줍다	주울 수 있다	주울 수 없다	ㅂ → 우
돕다			

전혀 못 하다   보통이다   잘하다
                              (그저 그렇다)

한나: 리처드 씨, 스케이트 **탈 수 있어요?**
리처드: 네, **탈 수 있어요.**
한나: 그래요? 저는 **전혀 못 타요.** 리처드씨는 잘 타요?
리처드: 좀 탈 수 있어요. **보통이에요.**

I. '-(으)ㄹ 수 있다/없다'를 사용해서 대화를 완성하십시오.

1. 한나: 이번 주 토요일에 우리 집에서 집들이를 할 거예요. 민수 씨, **올 수 있어요?** (오다)
   민수: 미안해요. 약속이 있어서 _____. (가다)

2. 리처드: 오늘 오후에 좀 만나고 싶은데 …….
   마이클: 몇 시에요?
   리처드: 오후 3시 쯤에요. 어때요?
   마이클: 수업이 2시에 끝나요. 그러니까 _____. (만나다)

3. 아사코: 일본말 할 수 있어요?
   은주: 아니요, 일본말은 _____. (하다)
   그렇지만 영어하고 불어는 _____. (하다)

4. 미셸: 어제 영화관에 갔어요?
   니콜: 네. 그렇지만 영화를 _____. (보다)
   미셸: 왜요?
   니콜: 영화관에 갔는데 표가 모두 매진됐어요.

5. 니콜: 내일 소풍을 가는데 가방이 없어요. 한나 씨의 가방을 _____? (빌리다)
   한나: 네.

II. 맞는 말을 찾아 ◯를 하십시오.

1. 사라: 수영할 수 있어요?
   요코: 네, 물론이에요. (**아주 잘 해요**, 그저 그래요, 전혀 못 해요.) 학생 때 수영 선수였어요.

2. 마사코: 테니스 칠 수 있어요?
   다니엘: 아니요, (잘 쳐요, 보통이에요, 전혀 못 쳐요). 테니스를 배우지 않았어요.

3. 한수: 민호 씨가 영어를 할 수 있어요?
   영민: 네, (잘 해요, 그저 그래요, 전혀 못 해요). 미국에서 살았어요.
   한수: 그래요? 몰랐어요.

4. 마이클: 수상 스키 탈 수 있어요?
   마사코: 네. 작년에 시작했어요.
   마이클: 그럼 잘 타겠군요.
   마사코: 그저 그래요. 마이클 씨는요?
   마이클: 저도 (잘 타요, 보통이에요, 전혀 못 타요).

◆ 접속부사: 그리고, 그렇지만
◆ 보조사: -은/는, -도, -만

1. 그리고, -도

- 다니엘은 수영을 잘 합니다. **그리고** 다니엘의 동생**도** 수영을 잘 합니다.
- 효진은 영어를 할 수 있습니다. **그리고** 불어**도** 할 수 있습니다.

2. 그렇지만, -은/는: 대조 (對照, contrast)

- 민호는 맥주를 좋아합니다. **그렇지만** 수민**은** 맥주를 싫어합니다.
- 민호는 맥주를 좋아합니다. **그렇지만** 소주**는** 싫어합니다.

3. -만: 단독 (單獨, only)

- 우리 가족은 모두 일본에서 삽니다. 나**만** 한국에서 삽니다.

▶ -하고 / 그리고

명사 + 하고 + 명사	문장 + 그리고 + 문장
어제 모자**하고** 구두를 샀습니다.	어제 친구를 만났습니다. **그리고** 쇼핑도 했습니다.

- 어제 친구를 만났습니다. **하고** 쇼핑도 했습니다. (×)
- 어제 친구를 만났습니다. **그리고** 쇼핑도 했습니다. (○)

I. 다음의 표를 보고 _____에 쓰십시오.

	🎾	🎿	⚾
민호	○	○	×
수진	×	○	×
사라	○	×	×

1. 민호는 테니스를 칠 수 있습니다. 그리고 **스키도 탈 수 있습니다.**
   그렇지만 _____.

2. 수진은 _____. 그리고 _____.
   그렇지만 _____.

3. 민호는 테니스를 칠 수 있습니다. _____ 수진은 테니스를 칠 수 없습니다.

4. 민호는 스키를 탈 수 있습니다. _____ 수진도 스키를 탈 수 있습니다.

5. 민호와 사라와 수진 중에서 사라_____ 스키를 탈 수 없습니다.

II. 다음의 낱말을 사용해서 대화를 완성하십시오.

그리고 그렇지만 그래서 이/가 은/는 도 에게 만

1. 수민: 경수 씨는 무슨 술을 좋아합니까?
   경수: 맥주를 좋아합니다. **그렇지만** 소주**는** 싫어합니다.

2. 민호: 마이클 씨 사무실에는 몇 명이 있습니까?
   한나: 모두 6명이 있습니다. 5명은 한국 사람이고 저____ 미국 사람입니다.

3. 크리스: 한국에서 여행 많이 했습니까?
   마이클: 네. 제주도에 갔었습니다. _____ 설악산에_____ 갔었습니다.
   크리스: 그러면 경주에_____ 갔었습니까?
   마이클: 아니요, 경주에_____ 아직 안 갔습니다.

4. 미셸: 요코 씨는 한국말을 어떻게 공부합니까?
   요코: 저는 책을 많이 읽습니다. _____ 신문_____ 보고 텔레비전 뉴스_____ 자주 봅니다.
   미셸: 저도 책하고 신문은 많이 읽습니다. _____ 텔레비전_____ 별로 안 봅니다.

5. 한나: 마이클 씨, 영화 좋아해요?
   마이클: 네, 자주 봐요. 한나 씨는요?
   한나: 저_____ 좋아해요. 그러면 연극_____ 좋아해요?
   마이클: 저는 영화는 아주 좋아해요. _____ 연극_____ 별로 안 좋아해요.

◆ 접속부사: 그래서 ◆

앞의 문장이 뒤의 문장의 이유가 될 때 사용한다.

> 사장: 김민호 씨, 왜 늦었습니까?
> 민호: 죄송합니다. 자동차가 갑자기 고장났습니다. **그래서** 늦었습니다.

그림을 보고 맞는 말을 골라 쓰십시오.

데이트하다   축구하다   여행 가다   회사에 늦다   노래하다

1. 수민은 축구를 굉장히 좋아합니다.
그런데 지난 주에 교통 사고가 나서 다리를 다쳤습니다.
그래서 **축구할 수 없습니다.**

2. 민정은 오늘 남자 친구를 꼭 만나고 싶습니다. 그렇지만 너무 바쁩니다. 그래서 _____.

3. 돈이 없습니다. 그리고 시간도 없습니다.
그래서 _____.

4. 친구들과 노래방에 갔습니다. 그런데 감기에 걸려서 목이 많이 아팠습니다. 그래서 _____.

어휘 (Vocabulary Focus)

악기

Ⅰ. 다음 악기에 어울리는 동사를 맞게 연결하십시오.

1. 피아노 •
2. 바이올린 •
3. 플루트 •   ① 켜다
4. 기타 •
5. 첼로 •   ② 치다
6. 드럼 •
                        ③ 불다

Ⅱ. 관련이 있는 낱말을 찾아 쓰십시오.

| 외국어 | 은행 | 정보 | 사전 | 번호 | 인기 | 사전 | 비서 |

1. 사장   회사   일정표   전화   : 비서 _____

2. 인터넷   뉴스   신문   텔레비전 : _____

3. 통장___ 자동차___ 신용 카드___ 비밀___ : _____

4. 독어   불어   스페인어   중국어   : _____

5. 영화 배우 가수   운동 선수   연예인   : _____

Ⅲ. 낱말 맞추기

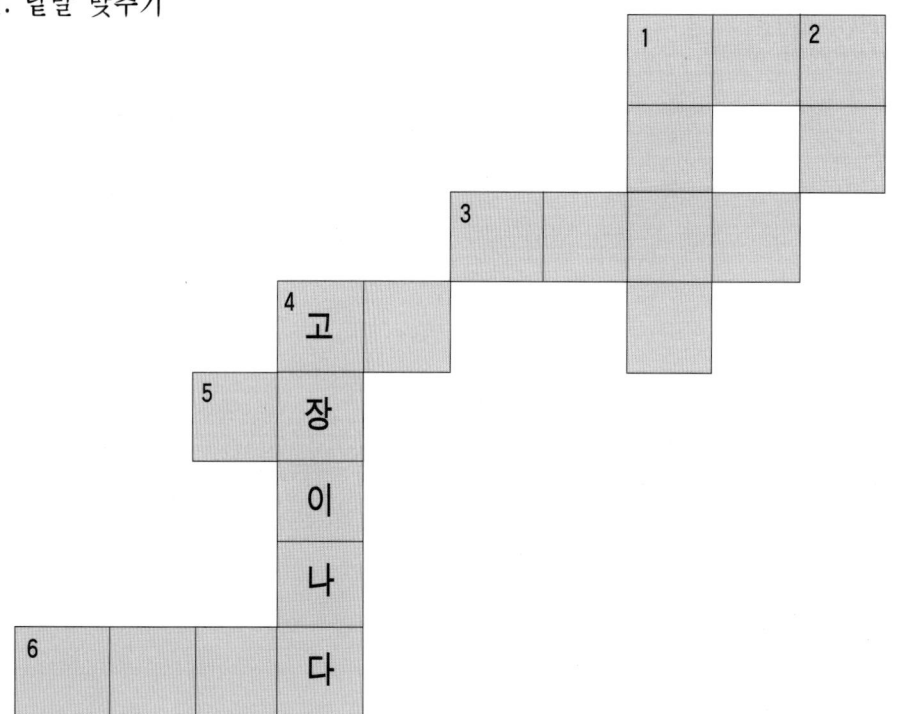

			1		2
		3			
4 고					
5	장				
	이				
	나				
6			다		

• 동사(動詞, verb)는 기본형(基本形, basic form)을 쓰십시오.

가로
1. 녹음을 할 때 필요한 기계.
3. 자동차가 고장났습니다. 그래서 _____.
4. _____ 도로에서는 자전거가 다닐 수 없습니다.
5. 은행에서 만듭니다. 돈을 찾고 저금할 때 필요합니다.
6. 중요한 내용을 수첩에 _____.

세로
1. 녹음기에 노래를 _____.
2. 이 녹음기에는 여러 가지 _____이 있어서 편리합니다.
4. 라디오가 안 나옵니다. _____.

상황 표현 (Function Focus)

인사하기

면접 후 면접 결과를 묻는 응시자에게 나중에 결과를 알려 주겠다고 어떻게 말할까요?

소냐: 언제쯤 결과를 알 수 있을까요?
비서: 일 주일 후에 _____.

   (1) 연락합니다　　　　　　　　(2) 연락드리겠습니다

사과하기

1. 수업이나 회의에 늦게 들어갔습니다. 상대방에게 약속 시간보다 늦어서 죄송하다고 말하고 싶습니다. 어떻게 말하면 좋을까요?

   마이클: 선생님, _____.
   선생님: 괜찮습니다. 자리에 가서 앉으십시오.

      (1) 늦어서 죄송합니다　　　　　　　　(2) 늦어서 실례합니다

2. 회사에서 회의가 있었습니다. 그런데 사고가 나서 회의에 갈 수 없었습니다. 늦게 회사에 와서 사장님께 어떻게 사과의 말을 해야 될까요?

   조나단: 사장님, _____.
   　　　　갑자기 집안에 일이 생겨서 회의에 올 수 없었습니다.
   사장:　그래요? 연락이 없어서 걱정을 많이 했습니다.

      (1) 연락드리지 못해서 죄송합니다　　　　(2) 연락 못 해서 미안해요

대화 (Sample Dialogs)

I. 다음을 읽고 답하십시오.

> 점원: 어서 오십시오. 무엇을 찾으십니까?
> 은주: 소형 녹음기를 사고 싶습니다. 어떤 것이 있습니까?
> 점원: 여러 가지 모양이 있습니다. 이것이 요즘 인기 있는 것입니다.
> 은주: 이것이 녹음기입니까? 볼펜이 아닙니까?
> 점원: 모양은 볼펜이지만 녹음도 할 수 있습니다. 그리고 재생도 할 수 있습니다.
> 은주: 이것으로 글을 쓸 수도 있습니까?
> 점원: 물론입니다. 이 볼펜 녹음기는 건전지 4개로 1년 동안 쓸 수 있습니다.
> 은주: 그래요? 또 어떤 기능이 있습니까?
> 점원: 이 볼펜에는 시계가 있습니다. 그래서 시간을 알 수도 있습니다.
> 은주: 정말 기능이 다양하군요.

1. 이 녹음기는 모양만 볼펜이다. 쓸 수는 없다.

   네_____ 아니요_____

2. 이 녹음기로 녹음하고 재생할 수 있다. 그리고 _____와 _____으로 사용할 수 있다.

3. 녹음기를 1년 동안 사용하려면 건전지가 4개 필요하다.

   네_____ 아니요_____

II. 다음을 읽고 답하십시오.

> 김정연: 안녕하십니까?
> 박민수: 안녕하십니까? 김정연 씨에게 몇 가지 묻겠습니다. 전에 비서를 했습니까?
> 김정연: 네, 작년까지 3년 동안 일했습니다.
> 박민수: 외국어를 할 수 있습니까?
> 김정연: 네, 조금 할 수 있습니다.
> 박민수: 어떤 외국어를 할 수 있습니까?
> 김정연: 영어와 일어를 할 수 있습니다.
> 박민수: 불어도 할 수 있습니까?
> 김정연: 읽을 수는 있지만 말은 잘 못 합니다.
> 박민수: 컴퓨터를 할 수 있습니까?
> 김정연: 네, 할 수 있습니다.
> 박민수: 운전도 할 수 있습니까?
> 김정연: 운전 면허증은 있습니다. 그렇지만 운전은 자주 하지 않았습니다. 그래서 잘 못 합니다.
> 박민수: 네, 수고하셨습니다. 연락드리겠습니다.

1. 지금 두 사람은 무엇을 합니까?

   (1) 소개　　　　　(2) 면접　　　　　(3) 설명

2. 김정연은 영어, 일어, 불어를 모두 잘 할 수 있다.

   네_____　아니요_____

3. 김정연은 운전 면허증이 있다. 그렇지만 운전은 잘 못 한다.

   네_____　아니요_____

Ⅲ. 다음을 읽고 답하십시오.

> 제임스: 영민 씨, 무슨 일이 있었습니까? 파티에 왜 오지 않았습니다?
> 영민:　정말 미안합니다. 차가 고장났습니다. ___①___ 파티에 갈 수 없었습니다.
> 제임스: 차가 고장났습니까? 어디에서요?
> 영민:　고속 도로에서요. 회사 일 때문에 인천에 갔었습니다. 고속 도로에서 갑자기 차가 고장이 났습니다.
> 제임스: 그럼 왜 전화를 안 했습니까?
> 영민:　제임스 씨에게 전화하고 싶었습니다. ___②___ 전화가 없었습니다. ___③___ 다른 사람의 차를 타고 정비소에 갔습니다.
> 제임스: 우리는 영민 씨를 많이 기다렸습니다. 차는 괜찮습니까?
> 영민:　차는 다 수리했습니다. 파티에 _____④_____.

1. 영민은 왜 인천에 갔습니까?

   _____

2. 영민은 정비소까지 _____(으)로 갔다.

3. ①, ②, ③에 맞는 말을 순서대로 쓴 것을 고르십시오.

   　　　　　①　　　　②　　　　③
   (1)　그래서　-　그리고　-　그래서
   (2)　그리고　-　그렇지만　-　그래서
   (3)　그래서　-　그렇지만　-　그래서

4. ④에 맞는 말을 고르십시오.

   (1) 늦어서 미안합니다　　　(2) 못 가서 미안합니다

제 10 과

쇼핑 2

문법 및 구조 (Grammar Focus)

◆ **명령문 II** ◆

> · -(으)세요: 다른 사람에게 부탁하거나 명령을 할 때 사용한다.
> · 좀 조용히 하세요.
>
> · -(으)십시오: 공공 장소나 회의장에서와 같이 격식이 필요한 상황에서 사용한다.
> · 6번 출구(gate)로 가십시오.

기본형	어간	-(으)세요/십시오	-지 마세요/마십시오
보다	보	보세요 / 보십시오	보지 마세요 / 보지 마십시오
읽다	읽	읽으세요 / 읽으십시오	읽지 마세요 / 읽지 마십시오

연습

기본형	-(으)세요/십시오			-지 마세요/마십시오	
내다	내세요	내십시오		내지 마세요	내지 마십시오
지키다					
주문하다					
넣다	넣으세요	넣으십시오			
꽂다				꽂지 마세요	
묻다	물으세요	물으십시오	ㄷ → ㄹ		
걷다					
만들다	만드세요		ㄹ → ∅		
팔다					
돕다	도우세요		ㅂ → 우		
줍다				줍지 마세요	
계시다	계세요			계시지 마세요	

Ⅰ. 다음 표지판을 보고 무슨 뜻인지 쓰십시오.

1.

　　　주차하지 마십시오.

2.

　　　_____

3.

　　　_____

4. 출입 금지

　　　_____

Ⅱ. 다음 상황에서 어떻게 말하겠습니까? 번호를 쓰십시오.

① 잠깐만 기다리세요.　　② 조용히 하세요.
③ 많이 드세요.　　　　　④ 물 좀 주세요.
⑤ 텔레비전 소리를 줄이세요.　⑥ 곧 연락 주세요.

1. 운동을 많이 해서 목이 굉장히 마르다. 물을 마시고 싶다.　　　　　④

2. 빨리 연락을 받고 싶다.　　　　　_____

3. 지금 전화를 받고 있는데 다른 전화가 왔다.　　　　　_____

4. 여러분의 집에 손님들을 초대했다. 손님들이 식사하기 위해서 식탁에 모여 앉았다.　　　　　_____

5. 학생들이 시험을 보고 있다. 밖에서 다른 학생들이 떠든다.　　　　　_____

6. 전화를 한다. 텔레비전 소리가 너무 크다.　　　　　_____

◆ 서수 ◆

번호, 돈…	일 이 삼 사 오 육…
사람, 동물, 물건	하나 둘 셋 넷 다섯…
순서	첫 번째 두 번째 세 번째 … 마지막

Ⅰ. 다음의 고속 버스 시간표를 보고 답하십시오.

	서울	→	강릉
1	06:00	→	09:50
2	06:30	→	10:20
3	07:40	→	11:30
:			:
:	14:40	→	18:30
:	15:20	→	19:10
:			:
:	20:45	→	00:35

1. 강릉행 **첫차**는 6시에 있고 _____는 8시 45분에 있습니다.

2. 서울에서 오전 6시에 출발하는 첫차는 강릉에 몇 시에 도착합니까? _____

3. 오후 7시 10분에 도착하는 버스는 몇 시에 출발합니까? _____

Ⅱ. 다음은 여러분의 교실입니다. 다음 사람들은 어디에 있습니까? 번호를 쓰십시오.

- 민수는 앞에서 두 번째 줄 왼쪽에서 세 번째에 앉아 있습니다. _____
- 미정은 앞에서 세 번째 줄 오른쪽에서 두 번째에 앉아 있습니다. _____
- 한나는 뒤에서 두 번째 줄 왼쪽에서 네 번째에 앉아 있습니다. _____

◆ -(으)면 안 되다 ◆

> 1. -지 마십시오: 특정한 상황에서 어떤 행동이나 행위를 금지시킬 때 사용한다.
> 2. -(으)면 안 됩니다: 허락되지 않은 행동을 하고 있는 사람에게 금지시킬 때 사용한다.

주차하지 마십시오.

여기에 주차하면 안 됩니다.

A: 여기에 주차하**면 안 됩니다.**
B: 죄송합니다. 몰랐습니다.

다음의 그림을 보십시오. '-(으)면 안 되다'를 사용해서 쓰십시오.

1.
(제임스가 주전자를 만지려고 한다.)

미라: 주전자가 아주 뜨겁습니다. **만지면 안 됩니다.** (만지다)

2.
의사: 제임스 씨는 비만입니다. 콜레스테롤이 많은 음식은 _____. (먹다)

3.
피터: 민호 씨는 왜 술을 안 마십니까?
민호: 감기에 걸려서 술을 _____.
(마시다)

제 10 과 쇼핑 2

4.

사라: 손세탁해도 됩니까?

민호: 이 옷은 실크라서 _____.
　　　　　　　　　　　　　(손세탁하다)
드라이클리닝하십시오.

5.

(주유소에서 마이클이 담배를 피우려고 한다.)

주유원: 죄송하지만, 여기서는 _____.
　　　　　　　　　　　　　　　　　(담배를 피우다)

어휘 (Vocabulary Focus)

전자 제품

I. 다음은 여러분의 가정에서 사용하는 전자 제품들입니다. 이름을 쓰십시오.

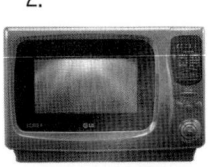

1.  **냉장고**

2. _____

3. _____

4. _____

5. _____

6. _____

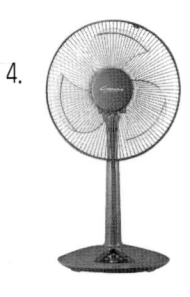

교통 표지판

Ⅱ. 다음 교통 표지판을 보고 맞게 연결하십시오.

1.

2.

3.

4.

· ① 천천히 가십시오.

· ② 들어가지 마십시오.

· ③ U턴하십시오.

· ④ 좌회전하십시오.

거리에서

Ⅲ. _____에 알맞은 것을 찾아 쓰십시오.

| 육교 | 지하도 | 신호등 | 횡단 보도 | 삼거리 | 사거리 | 골목 |

1. 땅 밑으로 길을 건넙니다.   **지하도**

2. 길을 건널 때 이것을 꼭 보아야 합니다. 빨간색, 초록색이 있습니다.   _____

3. 세 개로 갈라진 길입니다. 차들이 많이 다닙니다.   _____

Ⅳ. 낱말 맞추기

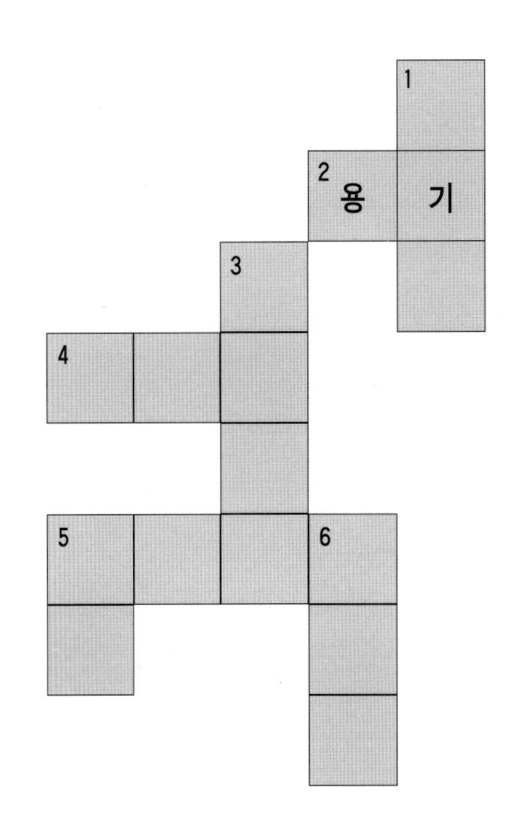

				1
		2 용	기	
		3		
4				
5			6	

• 동사(動詞, verb)는 기본형(基本形, basic form)을 쓰십시오.

가로

2. 어떤 것을 담는 그릇, 요리를 할 때 먼저 재료를 _____에 넣어야 합니다.

4. 손으로 직접 빨래하는 것입니다. 드라이할 것은 _____하면 안 됩니다.

5. 똑바로 되어 있지 않습니다. 약간 옆으로 기울었습니다. 그릇을 _____ 곳에 놓지 마십시오.

세로

1. 다른 사람에게 잠깐 가지고 있어 달라고 부탁하는 것입니다. 세탁소에 옷을 _____.

3. 세탁할 때 주의 사항이 써 있습니다. 세탁하기 전에 이것을 잘 보아야 합니다.

5. 설악산의 _____가 참 아름답고 좋습니다.

6. 옷을 입기 전에 다리미로 _____야 합니다.

상황 표현 (Function Focus)

사과하기

공공 장소에서 금지된 일을 잘 모르고 했습니다. 잘 모르고 실수한 일에 대해서 주의를 받게 되었을 때 어떻게 말할까요?

직원: 이 잔디밭에는 들어가면 안 됩니다.
미호: _____.

(1) 알겠습니다   (2) 죄송합니다. 몰랐습니다

쇼핑하기

백화점에서 물건을 샀습니다. 백화점 직원이 물건값을 무엇으로 지불할지 묻습니다. 어떻게 대답할까요?

백화점 직원: 물건값은 어떻게 하시겠습니까?
               현금으로 하시겠습니까? 카드로 하시겠습니까?
마사코: _____.

(1) 카드로 내겠습니다   (2) 카드로 주십시오

부탁하기

다른 사람에게 부탁을 하고 싶을 때 어떻게 말해야 할까요?

수잔: 사이몬 씨, _____.
       컴퓨터를 샀는데 어떻게 설치하는지 잘 모르겠어요.
사이몬: 걱정 마세요. 제가 도와 드릴게요.

(1) 좀 도와 주세요   (2) 도와 드릴까요?

대화 (Sample Dialogs)

I. 다음을 읽고 답하십시오.

> 직원: 서울백화점입니다.
> 은주: 여보세요? 냉장고를 하나 _____.
> 직원: 상품 번호가 어떻게 됩니까?
> 은주: b-31243입니다.
> 직원: 98만 원짜리 550ℓ 냉장고입니까?
> 은주: 네, 맞습니다.
> 직원: 이름과 주소를 말씀하십시오.
> 은주: 제 이름은 이은주입니다. 주소는 서대문구 연희동 145번지입니다.
> 직원: 돈은 백화점 카드로 하시겠습니까, 아니면 현금으로 하시겠습니까?
> 은주: 카드로 내겠습니다.
> 직원: 냉장고는 다음 주 화요일에 도착할 겁니다. 감사합니다.

1. 은주는 백화점에 가서 냉장고를 샀다.

   네_____ 아니요_____

2. 은주는 98만 원짜리 550ℓ 냉장고를 주문했다.

   네_____ 아니요_____

3. 은주는 다음 주 화요일에 냉장고를 받을 수 있다.

   네_____ 아니요_____

4. 은주는 어디에 삽니까?

   _____

5. _____에 맞는 말을 고르십시오.

   (1) 주문하고 싶습니다   (2) 예약하고 싶습니다

Ⅱ. 다음을 읽고 답하십시오.

> 배달원: 거기가 이은주 씨 댁입니까?
> 은주: 네, 그런데요.
> 배달원: 여기는 서울백화점입니다. 주문하신 냉장고가 오늘 오후에 배달될 겁니다. 주소가 서대문구 연희동 145번지입니까?
> 은주: 네, 맞습니다.
> 배달원: 그 곳에는 어떻게 가야 합니까?
> 은주: 먼저 연희동 사거리로 오세요. 그리고 연희동 사거리에서 오른쪽으로 들어오십시오. 그리고 200m쯤 더 오세요. 그러면 작은 사거리가 나올 거예요.
> 배달원: 그 다음에는요?
> 은주: 오른쪽에 외환은행이 있습니다. 외환은행의 작은 골목으로 들어오십시오. 골목에서 오른쪽 세 번째 집입니다.
> 배달원: 네, 알겠습니다.

1. 지금 배달원은 은주의 집 위치를 확인하고 있다.　　　　　네_____ 아니요_____

2. 은주의 집은 연희동 사거리의 은행 옆에 있다.　　　　　네_____ 아니요_____

Ⅲ. 다음을 읽고 답하십시오.

> 배달원: 이 냉장고를 어디에 놓을까요?
> 은주: 글쎄요, 전에는 오른쪽 구석에 있었는데 여기에 놓으면 어떨까요?
> 배달원: 냉장고는 물과 불이 가까운 곳에 있으면 안 됩니다. 저기 싱크대 옆이 좋겠습니다.
> 　　　　(배달원이 냉장고를 설치한다.)
> 은주: 그래요? 또 다른 주의 사항이 있습니까?
> 배달원: 이 냉장고는 220V만 사용해야 합니다. 그리고 콘센트에는 다른 가전 제품을 많이 꽂지 마십시오. 위험합니다.
> 은주: 냉장고는 지금 곧 사용할 수 있습니까?
> 배달원: 아닙니다. 전기를 꽂고 2시간 후부터 사용하십시오.

1. 배달원은 냉장고를 부엌의 오른쪽 구석에 놓았다.　　　　　네_____ 아니요_____

2. 배달원이 은주에게 말한 세 번째 주의 사항은 무엇입니까?

　　첫째, 물과 불이 가까운 곳에 놓지 마십시오.

　　둘째, 220V만 사용하십시오.

　　셋째, _____.

　　마지막으로 전기를 꽂고 2시간 후부터 사용하십시오.

Ⅳ. 다음을 보고 물음에 답하십시오.

> 리처드: 은영 씨, 이것 좀 도와 주세요.
> 은영: 뭔데요?
> 리처드: 제가 며칠 전에 옷을 하나 샀는데 세탁 방법을 모르겠어요. 은영 씨, 이 옷이에요.
> 은영: 옷 안에 세탁 표지가 있을 거예요. 아, 여기 있군요. 음- 이 옷은 물빨래하면 안 돼요. 이 표시는 '드라이를 하십시오'라는 뜻이에요. 그리고 이것은 '짜지 마십시오'라는 뜻이에요.
> 리처드: 아, 이것이 '짜지 마십시오'라는 뜻이었군요. 그런데 이건 뭐예요?
> 은영: 이것은 '그늘에 말리십시오'라는 뜻이에요. 그러니까 이 옷은 물빨래하면 안 돼요. 세탁소에 맡기세요.
> 리처드: 네, 알겠어요. 그런데 세탁소는 어디에 있지요?
> 은영: 골목에서 나가면 사거리가 있어요. 그 사거리에서 오른쪽으로 가면 은행이 있어요. 은행 _____ 에 세탁소가 있어요.

1. 이 옷에 있는 세탁 표지가 <u>아닌</u> 것은 무엇입니까?

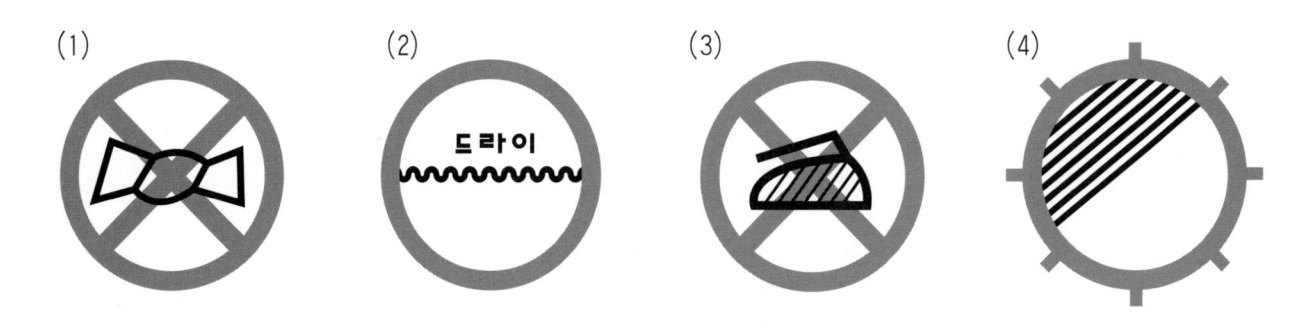

   (1)　　　　　(2)　　　　　(3)　　　　　(4)

2. 세탁소는 어디에 있습니까? 다음의 약도를 보고 _____ 에 맞는 말을 쓰십시오.

   • 은행 _____ 에 세탁소가 있다.

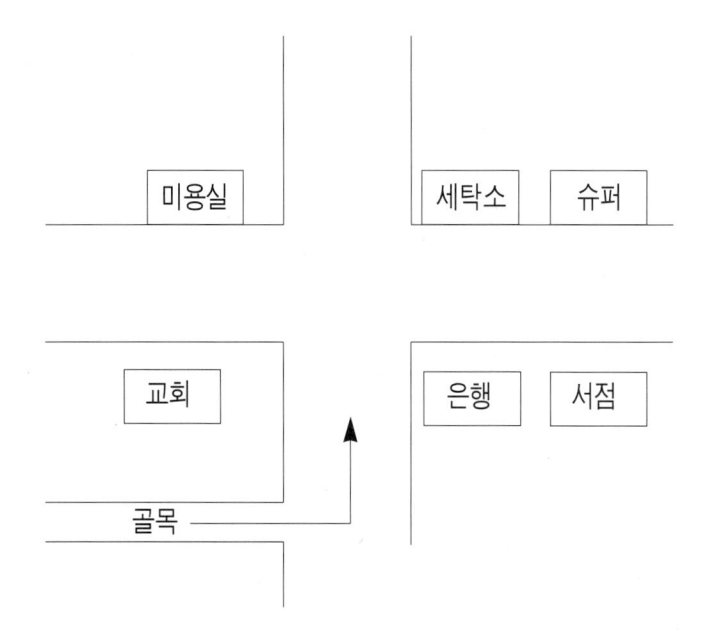

제 11 과

전화와 생활

문법 및 구조 (Grammar Focus)

◆ 전화 표현 ◆

다음은 전화할 때 사용하는 표현입니다. _____에 들어갈 말을 고르십시오.

① 전화 잘못 거셨습니다
② 잠깐만 기다리세요
③ 전데요
④ 전화 바꿨습니다
⑤ 신호는 가는데 전화를 안 받았습니다
⑥ 통화중입니다
⑦ 바꿔 주시겠습니까
⑧ 수리중입니다
⑨ 용건만 간단히 하세요

1. 애니: 김민호 씨 댁입니까?
   수철: 네, 그런데요.
   애니: 김민호 씨 좀 _____⑦_____?
   수철: 지금 안 계십니다. 실례지만 누구십니까?
   애니: 저는 애니 브라운입니다. 나중에 다시 전화드리겠습니다.

2. 재선: 여보세요? 거기 김연수 씨 계십니까?
   연수: 네, _____.
   재선: 안녕하세요? 저는 박재선입니다.

3. 영진: 여보세요? 거기 최소연 씨 댁입니까?
   사샤: 아닙니다. _____.
   영진: 783-2231 아닙니까?
   사샤: 여기는 783-2223입니다.
   영진: 죄송합니다.

4. 토니: 여보세요? 이형석 선생님 계십니까?
   김민영: 네. _____.
   (잠시 후)
   이형석: 여보세요? _____.
   토니: 선생님, 안녕하세요? 저는 토니 베이커입니다.

5. 영민: 여보세요? 거기 서울호텔이지요? 308호실 부탁합니다.
   교환: 네.
   (잠시 후)
   교환: 지금 _____. 잠시 후에 다시 걸어 주시겠습니까?
   영민: 알겠습니다.

6. 제이미: 민석 씨, 다나카 씨와 통화했습니까?
   민석: 아까 전화했을 때 _____. 외출한 것 같습니다. 저녁에 다시 걸어야겠습니다.

7. (태운의 누나가 30분 동안 전화를 하고 있다.)
   태운: 누나, 저도 지금 전화를 기다리고 있어요. _____.
   누나: 미안해. 금방 끊을게.

8. (상미가 공중 전화로 전화를 한다.)
   상미: 여보세요? 거기 전화국이지요?
   직원: 네, 그렇습니다.
   상미: 아까 전화 고장 신고를 했는데 지금 어떻게 되었습니까?
   직원: 지금 _____. 30분 후에 사용하실 수 있습니다.

◆ 확인의문문: -지요? ◆

알고 있는 사실을 다시 물어서 **확인**할 때 사용한다.

1. 명사 + (이)지요?

모음	사과**지요**?
자음	책상**이지요**?

2. 동사 + 지요?

기본형	현재	과거	미래
가다	가**지요**?	갔**지요**?	갈 **거지요**?
입다	입**지요**?	입었**지요**?	입을 **거지요**?
듣다	듣**지요**?	들었**지요**?	들을 **거지요**?
팔다	팔**지요**?	팔았**지요**?	팔 **거지요**?
돕다	돕**지요**?	도왔**지요**?	도울 **거지요**?

다음 대화를 읽고 문장을 완성하십시오.

1. A: 3박 4일 동안 제주도로 신혼 여행을 갔다 왔어요.
   B: 제주도는 정말 **경치가 좋지요**?
   　　　　　　　(경치가 좋다)
   　　저도 지난 휴가에 제주도에 갔다 왔어요.

2. A: 이 신발 새로 샀어요?
   B: 네. 가볍고 편해요.
   A: 얼마예요?
   B: 17만 원이에요. _____?
   　　　　　　　　　　　　(비싸다)
   A: 네, 정말 비싸군요.

3. A: 저 가수의 노래는 언제 들어도 좋아요. 정말
   _____?
   　　(노래를 잘하다)
   B: 네. 그래서 인기가 많은 것 같아요.

4. A: 우리가 토요일에 만나기로 _____?
   　　　　　　　　　　　　　　　　　(약속하다)
   　　시간은 _____?
   　　　　　　　　(3시)
   B: 아니요. 3시가 아니라 4시예요.

5. A: 정말 멋있는 _____?
   　　　　　　　　　　(파티)
   B: 네, 정말 근사한 파티군요.

6. A: 미연 씨한테서 좋은 향기가 나요.
   _____?
   　(향수를 뿌리다)
   B: 네. 향기가 참 좋지요?

7.
A: 다음 주 토요일에 _____?
　　　　　　　　　　　　　　(미국에 가다)
B: 어떻게 알았어요?
A: 은희 씨한테서 들었어요.

-을/를 위해서
봉사의 보조동사: -어/아 주다

· 제임스는 팔을 다친 친구를 위해서 편지를 써 주었습니다.
· 요코는 건강을 위해서 매일 운동을 합니다.

다음 대화를 완성하십시오.

1. A: '경로석'이 무엇입니까?
   B: **연세 많은 분들을 위해서** 마련한 자리입니다.
   　　(연세 많은 분들)

2. (병실에서)
   A: 여기 먹을 것을 가져왔어요. 좀 드세요.
   B: 입맛이 없어요.
   A: 그래도 _____ 잘 먹어야 해요.
   　　　　　　(빠른 회복)

3. (신문을 보면서)
   A: 여기 기사를 좀 보세요.
   B: 무슨 내용이에요?
   A: 이 사람이 평생 모은 돈을 _____ 장학금으로 기부했어요.
   　　　　　　　　　　　　　　　(고아들)
   B: 정말 대단하군요!

4. A: 어디에 가세요?
   B: 서점에 가요. 한국어를 공부하고 있는 _____ 사전을 사려고요.
   　　　　　　　　　　　　　　　　　　　(미국 친구)

5. (공원에서)
   A: 병을 여기에 버리면 안 됩니다. _____ 분리해서 버려 주십시오.
   　　　　　　　　　　　　　　　　　(환경 보호)
   B: 네.

6. A: 내일이 영민 씨의 생일이에요. 생일 선물로 무엇을 선물할까요?

   B: 영민 씨는 노래를 좋아하니까 영민 씨에게 CD를 _____.
   (사다)

   A: 좋아요.

7. A: 여보, 이번 일요일에 아이들과 함께 놀이동산에 가요.

   B: 안 돼요. 동창들과 만나기로 했어요.

   A: 아빠가 같이 _____ 아이들이 좋아할 거예요. 그러니까 같이 가요.
   (놀다)

◆ **요청문: -어/아 주시겠습니까?** ◆

어떤 일을 다른 사람에게 정중하게 부탁할 때 쓴다.

기본형	-어/아요	-어/아 주시겠어요?	-어/아 주시겠습니까?
가다	가요	가 주시겠어요?	가 주시겠습니까?
닫다	닫아요	닫아 주시겠어요?	닫아 주시겠습니까?

연습

기본형	-어/아 주시겠어요?	-어/아 주시겠습니까?
운반하다	운반해 주시겠어요?	운반해 주시겠습니까?
고치다		
들다		
놓다		
듣다		
열다	열어 주시겠어요?	
만들다		
돕다		
줍다		

I. 다음 상황에 맞는 말을 골라 번호를 쓰십시오.

① 사진 좀 찍어 주시겠습니까 ② 좀 조용히 해 주시겠어요
③ 가방 좀 내려 주시겠어요 ④ 어디에 있는지 가르쳐 주시겠습니까

1. A: 실례합니다. 이 근처에 약국이 ___④___?
   B: 이 길을 따라서 100m 정도 내려가면 있습니다.
   A: 고맙습니다.

2. (수업중에 두 사람이 잡담을 하고 있다.)
   A: 이번 주말에 테니스를 치러 갈까요?
   B: 좋아요.
   A: 몇 시에 만날까요?
   C: _____? 선생님 말씀이 잘 들리지 않아요.

3. A: 실례합니다. 저 나무를 배경으로 사진을 찍으려고 합니다.
   _____?
   B: 알겠습니다.

4. A: _____? 손이 잘 닿지 않아서요.
   B: 네, 그러지요.

II. 다음 상황에서 어떻게 말하겠습니까? '-어/아 주시겠어요?'나 '-어/아 주시겠습니까?'를 사용하십시오.

1. (신문에서 하숙집 광고를 보고 전화한다.)
   A: 여보세요?
   B: 거기 하숙집이지요?
   A: 네, 그런데요.
   B: 거기에 가고 싶은데 어떻게 가는지 자세히 **알려 주시겠어요**?
   (알리다)

2. (A는 상대방 회사에서 서류를 팩스로 받고 싶어서 전화한다.)
   A: 제가 오늘 너무 바빠서 서류를 가지러 갈 수 없습니다. 죄송하지만 서류를 _____?
   (팩스로 보내다)
   B: 네, 그렇게 해 드리겠습니다.

3. (선생님께 부탁할 일이 있어서 전화한다.)
   A: 선생님, 드릴 말씀이 있습니다.
   B: 무슨 일입니까?
   A: 만나서 말씀드리고 싶습니다. 언제 시간이 있으십니까?
   B: 오후에는 아무 때나 좋습니다.
   A: 오늘 오후 4시쯤에 _____?
   (시간을 내다)
   A : 네, 좋습니다.

4. (호텔 식당에서 식사를 하고 있는데 커피를 더 마시고 싶다.)
   A: _____?
   (커피, 좀 더 주다)
   B: 네, 알겠습니다.

5. (백화점에서 물건을 샀는데 다른 것으로 바꾸고 싶다.)
   A: 어제 이 바지를 샀는데 작아서 입을 수가 없습니다. 미안하지만, _____
   _____?
   (다른 것, 바꿔 주다)
   B : 네, 그렇게 해 드리겠습니다.

6. (물건을 많이 들고 엘리베이터를 탔다.)
   A: 미안하지만, _____?
   (6층, 누르다)
   B: 네.

7. (테이블 위에 다 마신 커피잔이 있어서 종업원에게 부탁한다.)
   A: 여기 _____?
   (잔, 치우다)
   B: 네, 곧 치워 드리겠습니다.

◆ 어미의 축약형: -요 (-에요, -에서요, -에게요 …) ◆

보통 일상 대화에서 이미 말한 것을 반복하지 않고 축약해서 말할 때 사용한다.

A: 마이클 씨, 어느 나라에서 왔습니까?
B: **영국에서요**. (영국에서 왔습니다.)

다음 대화를 읽고 축약의 '-요'를 사용해서 완성하십시오.

1.

해리: 안녕하세요? 제 이름은 해리입니다.
마이클: 안녕하세요? 저는 마이클입니다. 해리 씨, 어느 나라에서 왔습니까?
해리: 미국에서 왔습니다. 마이클 씨는 어느 나라에서 왔습니까?
마이클: 캐나다에서 왔습니다.

→

해리: 안녕하세요? 제 이름은 해리입니다.
마이클: 안녕하세요? 저는 마이클입니다. 해리 씨, 어느 나라에서 왔습니까?
해리: **미국에서요**. 마이클 씨는**요**?
마이클: _____.

2.

수민: 조슈아 씨, 한국에는 언제 오셨어요?
조슈아: 작년 10월에 왔어요.
수민: 한국에는 무슨 일로 오셨어요?
조슈아: 한국말을 배우러 왔어요.
수민: 왜 한국말을 배워요?
조슈아: 나중에 한국에서 일하고 싶어서

→

수민: 조슈아 씨, 한국에는 언제 오셨어요?
조슈아: 작년 _____.
수민: 한국에는 무슨 일로 오셨어요?
조슈아: 한국말을 _____.
수민: 왜 한국말을 배워요?
조슈아: 나중에 한국에서 _____

3.

영민: 제인 씨, 아까 집에 전화했었는데 아무도 안 받았어요. 어디에 갔었어요?
제인: 백화점에 갔었어요.
영민: 선물 사러 갔었어요?
제인: 네. 내일이 어버이날이라서 선물 사러 갔었어요.
영민: 그런데 그 책은 누구에게 줄 거예요?
제인: 친구에게 줄 거예요.

→

영민: 제인 씨, 아까 집에 전화했었는데 아무도 안 받았어요. 어디에 갔었어요?
제인: _____.
영민: 선물 사러 갔었어요?
제인: 네. 내일이 어버이날이라서 선물 _____.
영민: 그런데 그 책은 누구에게 줄 거예요?
제인: _____.

어휘 (Vocabulary Focus)

전화 번호

I. _____에 맞는 것을 찾아 쓰십시오.

국가 번호   지역 번호   국제 전화   시외 전화

1. 시외 전화

도 시	2._____
서 울	02
부 산	051
대 구	053
제 주	064

3._____

국 가	4._____
미국, 캐나다	1
일본	81
러시아	7
한국	82

II. 관계 없는 낱말을 고르십시오.

1. 인사과   과장님   회사   동창회   : _____

2. 취소   교환   통화중   전화   : _____

3. 세탁통   빨래   다리다   수화기   : _____

III. 낱말 맞추기

쥬	1.(성)	전	카	매	예	표
하	함	수	파	드	창	문
알	겠	화	출	호	구	외
동	문	하	부	달	동	출
매	창	다	면	통	화	중
통	예	회	배	짜	청	스
전	수	신	자	부	담	화
송	이	팔	이	정	가	민

1. '이름'의 높임말은 **성함**입니다.
2. A: 여보세요? 김민호 씨 좀 부탁합니다.
   B: 지금 자리에 안 계십니다. ○○○입니다.
3. 같은 학교를 졸업한 사람들의 모임을
   ○○○라고 합니다.
4. 미경 씨는 사라 씨에게 전화했습니다. 그 때
   사라 씨는 영민 씨에게 전화하고 있었습니다.
   그래서 전화가 ○○○이었습니다.
5. 집안일을 도와 주는 아주머니를 ○○○
   아주머니라고 합니다.
6. 전화를 받는 사람이 전화 요금을 냅니다.
   ○○○ ○○으로 전화합니다.

상황 표현 (Function Focus)

전화하기

리처드는 마이클에게 전화했습니다. 그런데 마이클이 외출해서 지금 자리에 없습니다. 리처드가 마이클에게 메모를 남기고 싶을 때 어떻게 말할까요?

리처드: _____?
제임스: 네, 말씀하세요.

    (1) 메모 좀 전해 주시겠습니까   (2) 잠시 후에 다시 전화할까요

정중하게 길 묻기

제임스는 가까운 은행을 찾고 있습니다. 그런데 어디에 있는지 잘 모릅니다. 지나가는 사람에게 정중하게 길을 물어볼 때 어떻게 말할까요?

제임스: _____. 여기에서 가까운 은행이 어디에 있습니까?
행인: 다음 사거리에서 오른쪽으로 가십시오.

    (1) 말씀 좀 묻겠습니다   (2) 말씀하세요

대화 (Sample Dialogs)

Ⅰ. 다음을 읽고 답하십시오.

> (따르릉!)
> 존 베이커: 여보세요? 거기 이화여자대학교지요?
> 이진수:　　네, 그런데요.
> 존 베이커: 죄송하지만 김진미 선생님 좀 _____?
> 이진수:　　네, 잠깐만 기다리세요.
> (잠시 후)
> 김진미:　　여보세요, 전화 바꿨습니다.
> 존 베이커: 선생님, 안녕하세요? 저는 존 베이커입니다.
> 김진미:　　존 씨, 안녕하세요.
> 존 베이커: 오늘 회사에서 중요한 회의가 있습니다. 그래서 수업에 못 가겠습니다. 죄송합니다.
> 김진미:　　알겠습니다. 그러면 다음 시간에 만납시다.
> 존 베이커: 그럼, 안녕히 계세요.
> 김진미:　　안녕히 계세요.

1. 존 베이커는 이화여자대학교에서 공부한다.

    네_____ 아니요_____

2. 존 베이커는 회사원이다.

    네_____ 아니요_____

3. 존 베이커는 다음 시간에도 올 수 없다.

    네_____ 아니요_____

4. _____에 맞는 말은 무엇입니까?

    (1) 바꿔 주시겠습니까　　(2) 전해 주시겠습니까

Ⅱ. 다음을 읽고 답하십시오.

> 교환:　　안녕하십니까? 국민회사입니다.
> 박영민: 여보세요? 거기 국민회사지요? 인사과 좀 부탁합니다.
> 교환:　　잠깐만 기다리십시오.
> (잠시 후)
> 이수진: 인사과 이수진입니다.
> 박영민: 여보세요? 김민석 과장님 좀 바꿔 주시겠습니까?
> 이수진: 지금 _____. 외출중이십니다.
> 박영민: 언제쯤 통화할 수 있습니까?
> 이수진: 두 시간쯤 후에 들어오실 겁니다.

박영민: 그러면 메모 좀 전해 주시겠습니까?
이수진: 말씀하십시오.
박영민: 저는 박영민이라고 합니다. 내일 동창 모임이 취소됐다고 전해 주십시오.
        제가 오후에 다시 전화하겠습니다.
이수진: 알겠습니다.

1. 김민석은 국민회사 인사과에 다닌다.

   네 _____ 아니요 _____

2. 김민석과 박영민은 같은 학교를 졸업했다.

   네 _____ 아니요 _____

3. 내일 저녁에 동창회가 있다.

   네 _____ 아니요 _____

4. 김민석이 사무실에 없다고 말하고 싶습니다. _____에 맞는 말은 무엇입니까?

   (1) 자리에 안 계신데요   (2) 자리가 없는데요

Ⅲ. 다음 글을 읽고 답하십시오.

파출부: 여보세요?
김지영: 여보세요? 아주머니세요? 제가 급한 일이 생겨서 일찍 나왔어요.
파출부: 그러세요? 오늘 김치를 담가야 되지요?
김지영: 네, 너무 짜지 않게 담가 주세요. 그리고 와이셔츠들을 좀 다려 주세요.
파출부: 네, 그런데 세탁통에 있는 옷들은 빨 거지요?
김지영: 네, 그리고 아이들 방에 있는 이불도 좀 빨아 주세요.
파출부: 그렇게 하지요. 그런데 식탁 위에 있는 것은 뭐예요?
김지영: 참, 팬케이크를 만들려고 했어요. 아이들에게 팬케이크 좀 만들어 주세요.
        그럼, 부탁합니다. 수고하세요.
파출부: 알겠습니다.

1. 김지영은 식탁 위에 팬케이크를 만들어 놓았다.

   네 _____ 아니요 _____

2. 아주머니가 해야 할 일이 <u>아닌</u> 것은 무엇입니까?
   (1) 김치 담그기   (2) 와이셔츠 빨기
   (3) 이불 빨기   (4) 아이들에게 간식 만들어 주기

3. 김지영은 아주머니에게 무엇을 하고 있습니까?
   (1) 조언   (2) 설명   (3) 부탁

제 12 과

문법 및 구조 (Grammar Focus)

◆ **형용사의 관형형: -(으)ㄴ/는** ◆

형용사가 명사 앞에 올 때 사용하는 형태이다.

기본형	어간	형용사의 관형형
크다	크	큰 집
작다	작	작은 집

A: 어떤 사람이 마이클 씨입니까?
B: 키가 **큰** 사람이 마이클 씨입니다.

연습

기본형	-(으)ㄴ/는 + 명사	
예쁘다	예쁜 얼굴	
빠르다	_____ 걸음	
높다	_____ 산	
많다	_____ 돈	
길다	_____ 머리	ㄹ → Ø
달다	_____ 음식	
춥다	추운 날씨	ㅂ → 우
두껍다	_____ 책	
맛있다	맛있는 음식	있다 → 있는
재미있다	_____ 영화	
맛없다	맛없는 요리	없다 → 없는
재미없다	_____ 연극	

가족을 소개하는 글입니다. _____에 맞는 형태를 쓰십시오.

우리 집은 넓은 정원이 있는 주택입니다. 정원에는 _____ (예쁘다) 꽃과 크고 _____ (작다) 나무들이 많이 있습니다.
우리 아버지는 _____ (답답하다) 아파트를 아주 싫어하십니다. 우리 아버지는 키가 크시고 _____ (멋있다) 분이십니다. 그리고 아주 자상하십니다. 우리 아버지의 취미는 등산입니다. 그래서 굉장히 _____ (높다) 산에도 자주 가십니다.

우리 어머니는 약간 뚱뚱하십니다. 그렇지만 세상에서 가장 _____ (아름답다) 분이십니다. 요리가 취미입니다. 그래서 우리에게 항상 _____ (맛있다) 음식을 만들어 주십니다. 지금은 뚱뚱하지만 처녀 때는 '_____ (날씬하다) 아가씨'였다고 말씀하십니다.

언니는 아버지를 닮았습니다. 그래서 키가 크고 날씬합니다. 우리 언니의 꿈은 모델입니다. 가끔 _____ (뜨겁다) 커피를 마시면서 광고 모델 흉내를 냅니다. 언니는 항상 다이어트를 합니다. 그래서 _____ (맛있다) 요리도 아주 조금만 먹습니다. 그리고 _____ (달다) 음식은 절대로 먹지 않습니다. 우리 언니가 클라우디아 쉬퍼처럼 _____ (유명하다) 모델이 되었으면 좋겠습니다.

우리 남동생은 머리가 좋고 _____ (똑똑하다) 아이입니다. 학교에서 항상 1등입니다. 책읽기를 무척 좋아합니다. 스티븐 호킹 박사처럼 _____ (훌륭하다) 물리학자가 되는 것이 꿈입니다.

나는 통통하고 _____ (귀엽다) 소녀입니다. 별로 예쁘지 않고 공부도 잘 못 합니다. 그렇지만 엄마를 제일 많이 돕는 _____ (착하다) 딸입니다. 식사가 끝나면 후식은 항상 내가 준비합니다. 아버지와 어머니는 녹차, 언니는 _____ (뜨겁다) 커피, 남동생은 _____ (차갑다) 아이스크림, 나는 _____ (시원하다) 과일. 후식을 준비하는 일은 정말 _____ (즐겁다) 일입니다. 나는 가족과 함께 후식을 먹으면서 _____ (재미있다) 이야기를 할 때가 제일 행복합니다.

◆ 상태 진행의 보조동사: -고 있다 ◆

'입다, 신다, 쓰다……' 등의 탈착 동사와 함께 쓰여, 그 동작을 끝낸 후에 그 상태가 지속되는 모습을 표현한다.

> · 마이클은 빨간색 넥타이를 매고 **있습니다.**
> · 수미는 높은 구두를 신고 **있습니다.**

I. '-고 있다'를 사용해서 대화를 완성하십시오.

1. (파티에서)
   A: 제임스 씨가 안 보여요. 어디에 있지요?
   B: 아까 문 옆에 있었는데……. 제임스 씨는 오늘 초록색 점퍼를 **입고 있습니다.**
      그리고 머리에 까만색 모자를 _____.
   A: 아! 찾았어요. 저기 있군요.

2. (두 사람은 걸어가는 수잔을 보면서 이야기한다.)
   A: 수잔 씨의 남편은 무슨 일을 해요?
   B: 저도 몰라요. 왜요?
   A: 수잔 씨가 큰 다이아몬드 반지를 _____.
      그리고 아주 비싼 시계를 _____.
   B: 정말 그렇군요.

3. A: 사라 씨, 어디 아파요?
   B: 발이 아파서 걸을 수가 없어요.
   A: 발을 다쳤어요?
   B: 아니요, 어제 하루 종일 높은 구두를 _____.
      그래서 지금도 발이 너무 아파요.

Ⅱ. 여러분은 지금 창 밖으로 멋있는 여자를 보고 있습니다. 어떤 모습인지 다음에서 맞는 낱말을 찾아 문장을 완성하십시오.

| 쓰다 입다 신다 매다 끼다 짧다 길다 높다 |

그 여자는 멋진 모자를 **쓰고** 있습니다. 그리고 _____ 코트를 _____ 있습니다. 코트 안에는 _____ 치마를 입고 있습니다. 목에는 스카프를 _____ 있고 손에는 반지를 _____ 있습니다. 멋있는 색안경을 _____ 있습니다. 구두를 _____ 있습니다. 영화 배우 같습니다.

◆ 의문대명사 Ⅳ: 무슨, 어떤 ◆

사람이나 사물, 일의 성질이나 특성 등을 물을 때 사용한다. 사람에게는 '무슨'을 사용하지 않는다.

> A: 사라 씨는 **어떤** 옷을 좋아해요?
> B: 짧은 치마를 좋아해요.
> A: **무슨** 색을 좋아해요?
> B: 파란색을 좋아해요. 그래서 파란색 옷이 많아요.

'무슨'이나 '어떤'을 사용해서 다음 대화를 완성하십시오.

1. A: 요코 씨한테 남자 친구를 소개해 주고 싶어요. 요코 씨는 **어떤** 사람을 좋아해요?
   B: 저는 키가 크고 좀 뚱뚱한 사람을 좋아해요.

2. A: 민호 씨 생일에 뭘 선물했어요?
   B: 넥타이요.
   A: _____색 넥타이를 주었어요?
   B: 자주색이요.

3. A: 시간이 있으면 같이 영화 보러 갈까요?
   B: 좋아요. 그런데 유진 씨는 _____요일이 제일 한가해요?
   A: 저는 수요일이 한가해요.
   B: 그러면 이번 주 수요일에 보러 갑시다.

4. A: 제임스 씨는 나중에 _____ 집에서 살고 싶어요?
   B: 저는 교외에 있는 단독 주택에서 살고 싶어요. 수진 씨는요?
   A: 저는 도시에 있는 빌라에서 살고 싶어요.

5. A: 안색이 안 좋아요. _____ 일이에요?
   B: 좀 피곤해서 그래요. 쉬면 괜찮을 거예요.

어휘 (Vocabulary Focus)

옷과 소품

Ⅰ. 여러분은 다음과 같은 경우에 어떤 옷을 입을 겁니까? 맞게 연결해 보십시오.

1. 스키장 · · ① 양복, 구두, 넥타이, 넥타이 핀
2. 결혼식 · · ② 점퍼, 등산화, 배낭, 바지, 모자
3. 산 · · ③ 색안경, 수영복, 샌들
4. 비오는 날 · · ④ 운동화, 바지, 파카, 장갑
5. 바다 · · ⑤ 우비, 우산, 장화

Ⅱ. 다음에서 관계가 먼 것을 찾아 ◯ 하십시오.

1. 가죽	모양	비닐	천
2. 단발	파마	커트	재질
3. 네모난	동그란	바퀴	세모난
4. 러닝 셔츠	속치마	팬티	브로치

색

Ⅲ. 무지개를 칠하고 색의 이름을 쓰십시오.

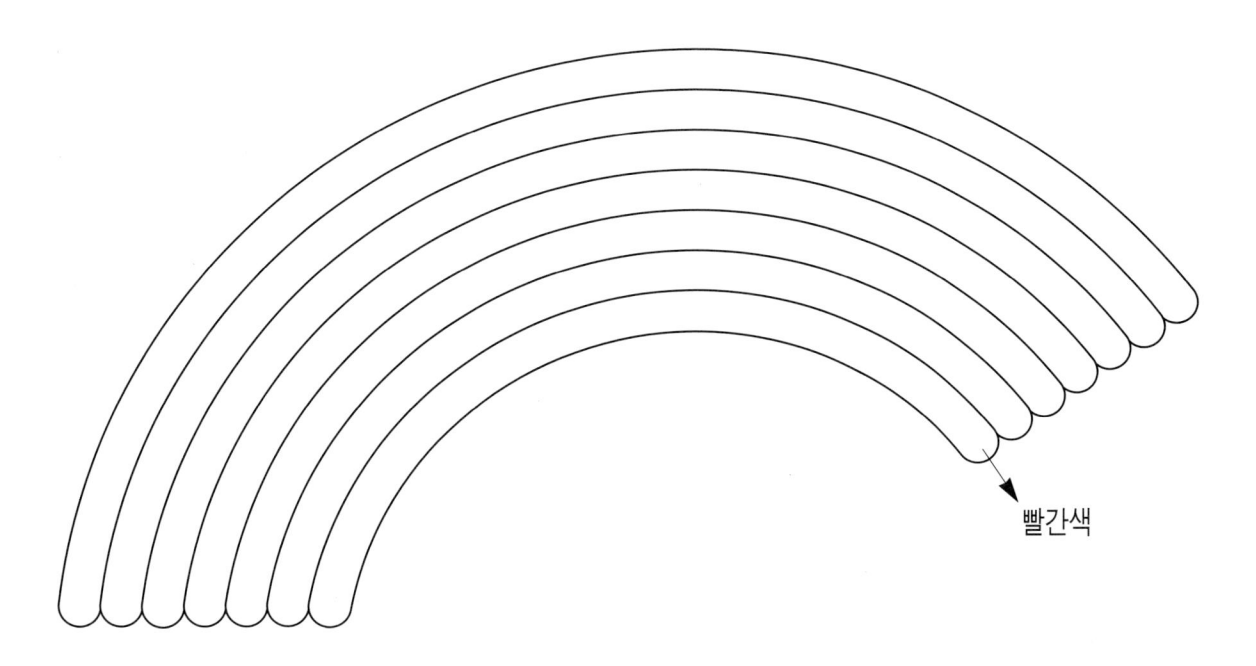

→ 빨간색

Ⅳ. 낱말 맞추기

생	소	품	사	기	요	차
우	유	옷	입	사	레	즘
한	악	행	귀	바	가	형
안	금	세	입	뀝	테	레
발	손	방	리	니	바	항
유	행	해	니	다	다	소

① **요즘**은 텔레비전에 나오는 가수나 연예인이 입는 ②_____과 액세서리 등의 ③_____들이 ④_____. 10대들은 유행하는 것들을 그대로 따라 합니다. 그렇지만 이 유행들은 아주 쉽게 ⑤_____.

상황 표현 (Function Focus)

물건 사기

제임스가 백화점에서 옷을 고르다가 마음에 드는 것을 찾았습니다. 그 옷을 자세히 보고 싶을 때 점원에게 어떻게 말할까요?

점원: 마음에 드는 것이 있으세요?
제임스: 네. 저 까만색 코트가 마음에 드는군요. 저 코트 좀 _____.

(1) 보세요 (2) 보여 주세요

물건 추천하기

사라는 구두를 사러 시장에 갔습니다. 주인은 사라에게 어떤 구두를 추천하고 있습니다. 가격이 비싸지 않다고 말하면서 추천할 때 주인은 어떻게 말하겠습니까?

주인: 이 구두는 모양도 예쁘고 가죽이라서 아주 인기가 많아요.
그리고 _____.
사라: 신어 봐도 돼요?
주인: 물론입니다. 신어 보세요.

(1) 가격도 괜찮아요 2) 가격도 높아요

대화 (Sample Dialogs)

I. 다음을 읽고 답하십시오.

> 박상진: 안녕하십니까? 홍콩여행사의 박상진입니다.
> 김수경: 안녕하세요? 여기는 서울 김수경이에요.
> 박상진: 아, 김수경 씨. 내일 홍콩에 오실 거지요?
> 김수경: 네, 그런데 제가 홍콩에 처음 가요. 그래서 걱정이에요.
> 박상진: 걱정하지 마십시오. 제가 공항까지 나가겠습니다.
> 김수경: 알겠습니다. 그런데 제가 박상진 씨를 어떻게 찾지요?
> 박상진: 저는 키가 크고 좀 뚱뚱합니다. 그리고 안경을 썼습니다. 내일 초록색 점퍼를 입고 청바지를 입고 있을 겁니다. 저는 김수경 씨를 어떻게 찾을 수 있을까요?
> 김수경: 저는 키가 좀 작고 머리는 짧은 커트 머리예요. 그리고 빨간색 셔츠에 청바지를 입고 있을 거예요. 손에는 여행 가방을 들고 있을 거예요.
> 박상진: 그러면 내일 공항에서 만납시다.
> 김수경: 안녕히 계세요.

1. 홍콩에 오기 전에 두 사람은 만났다.

   네_____ 아니오_____

2. 두 사람은 서로 자기의 모습을 _____하고 있다.

   (1) 소개   (2) 설명   (3) 인사

3. 두 사람에 대해서 _____에 쓰십시오.

   박상진은 _____ 키에 약간 _____ 사람이다. 안경을 썼다. 내일 _____ 점퍼를 입을 거다.
   김수경은 키가 _____. 머리가 _____. 커트 머리이다. _____ 셔츠를 입을 거다.
   바지는 두 사람 모두 _____를 입을 거다. 김수경은 _____을 들고 있을 거다.

II. 다음을 읽고 답하십시오.

> 점원: 어떤 코트를 찾으세요?
> 수경: 따뜻하고 멋있는 코트를 사고 싶은데요.
> 점원: 긴 코트를 찾으세요? 짧은 코트를 찾으세요?
> 수경: 긴 코트요.
> 점원: 여기 이 흰색 코트는 어떠세요? 따뜻하고 좋아요.
> 수경: 그런데 흰색은 금방 더러워져요. 저 회색 코트는 어때요?
> 점원: 저 코트는 좀 얇아요. 그리고 짧은 코트예요. 요즘 파란색이 유행인데 파란색은 어떠세요? 가볍고 아주 따뜻해요. 그리고 가격도 괜찮아요.
> 수경: 파란색이요? 유행이 금방 바뀌지 않을까요? 파란색 옆에 있는 까만색 코트를 보여 주세요.
> 점원: 네, 여기 있습니다.

1. 수경은 파란색 코트를 사려고 한다.

　　네_____　　아니요_____

2. 왜 다음 코트들은 사고 싶지 않습니까? 이유를 연결해 보십시오.

　　(1) 흰색　　·　　　　　·유행이 바뀐다
　　(2) 회색　　·　　　　　·금방 더러워진다
　　(3) 파란색　·　　　　　·너무 얇다

Ⅲ. 다음을 읽고 답하십시오.

> 수진: 오늘 오후 2시 KE 012편을 타고 왔는데 공항에서 가방을 잃어버렸어요.
> 직원: 가방이 무슨 색입니까?
> 수진: 까만색이고 크기는 가로, 세로 80센티미터쯤 돼요.
> 직원: 가방이 어떤 모양입니까?
> 수진: 네모난 가죽 가방이에요. 밑에는 바퀴가 달려 있어요. 끈이 있어서 멜 수도 있고 들 수도 있어요.
> 직원: 가방 안에는 무엇이 들어 있습니까?
> 수진: 가방 안에는 여름옷과 지갑과 여권이 들어 있어요.
> 직원: 잠깐만 기다리세요.
> 　　　(잠시 후) 이 가방입니까?
> 수진: 아니요, 이 가방보다 좀더 커요. 그리고 끈이 더 길어요.
> 직원: 다시 찾아보겠습니다.
> 　　　(잠시 후) 성함이 김수진 씨입니까?
> 수진: 네. 그 가방 맞습니다. 고맙습니다.

1. 어디에서 하는 대화입니까?

　　(1) 세관　　　　　　(2) 유실물 보관소

2. 김수진이 탄 비행기는 _____이다.

3. 김수진의 가방은 어느 것입니까?

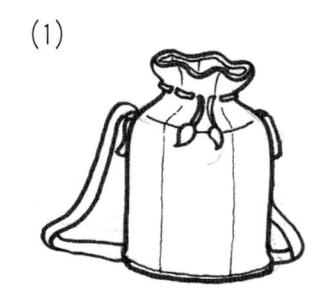

　(1)　　　　　　　　(2)　　　　　　　　(3)

제 13 과

날씨

문법 및 구조 (Grammar Focus)

◆ **예측의 '-겠-'** ◆

'-겠-'은 불확실한 사실을 예측하거나 추측할 때 사용한다.

· 내일은 아침부터 비가 **오겠**습니다. 그리고 천둥 번개가 **치겠**습니다.

연습

기본형	-겠습니다
따뜻하다	따뜻하겠습니다
선선하다	
흐리다	
안개가 끼다	
맑다	맑겠습니다
덥다	
춥다	
쌀쌀하다	
태풍이 불다	태풍이 불겠습니다
바람이 불다	

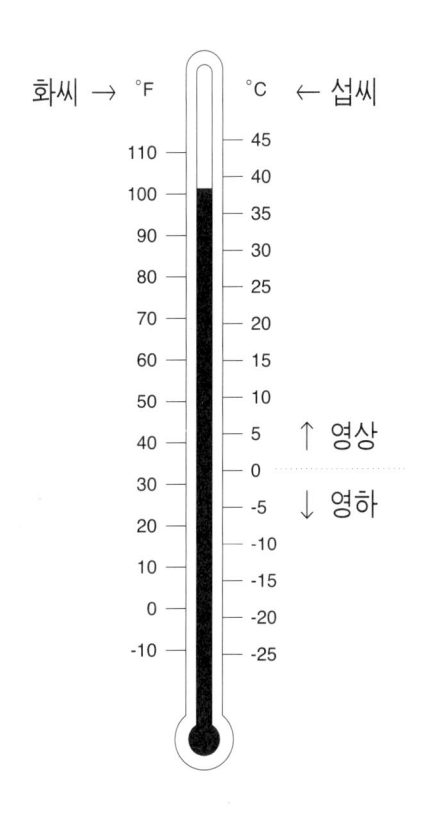

화씨 → °F   °C ← 섭씨

↑ 영상
↓ 영하

I. 텔레비전에서 아나운서가 내일의 날씨를 말하고 있습니다. 다음을 보고 _____에 맞게 쓰십시오. 그리고 (   ) 안에 있는 것 중에서 맞는 것을 고르십시오.

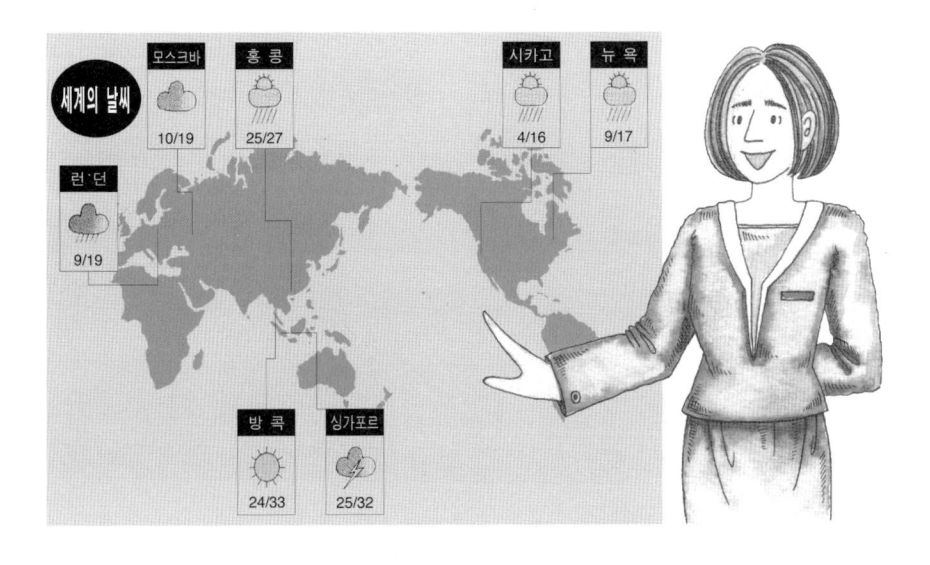

세계의 날씨
- 모스크바 10/19
- 홍콩 25/27
- 시카고 4/16
- 뉴욕 9/17
- 런던 9/19
- 방콕 24/33
- 싱가포르 25/32

제 13 과 127 날씨

1. 런던은 내일 날씨가 흐린 후에 비가 오겠습니다. 아침 (최저) 최고) 기온은 9도, 낮 최고 기온은 19도가 **되겠습니다.**

2. 방콕은 내일 하루 종일 _____. 아침 최저 기온은 24도, 낮 최고 기온은 33도로 아주 _____.

3. 뉴욕은 오전에 맑겠습니다. 그리고 오후에는 흐린 후에 _____. 아침 (최저, 최고) 기온은 9도, (아침, 낮) 최고 기온은 17도가 _____.

4. 싱가포르는 흐리고 _____. 최저 기온은 _____, 최고 기온은 _____가 되겠습니다.

II. '-겠-'을 사용하여 다음 대화를 완성하십시오.

1. (제과점에서)
   A: 이 빵 냄새가 아주 좋아요. 정말 _____.
   　　　　　　　　　　　　　　　　　　　(맛있다)
   B: 그렇군요. 이것으로 사 갑시다.

2. (두 사람은 공원에서 산책을 하고 있다.)
   A: 제임스 씨, 하늘이 흐려졌어요. _____.
   　　　　　　　　　　　　　　　　　(비가 오다)
   B: 그렇군요. 빨리 돌아가는 것이 좋겠어요.

3. (하숙집에서)
   A: 밖에 눈이 많이 와요.
   B: 그래요? 그러면 길이 _____.
   　　　　　　　　　　　　　(막히다)
   　빨리 출발하지 않으면 수업 시간에 _____.
   　　　　　　　　　　　　　　　　　　　　(늦다)

III. 다음은 신문에 난 일기 예보입니다. 표를 보고 대화를 완성하십시오.

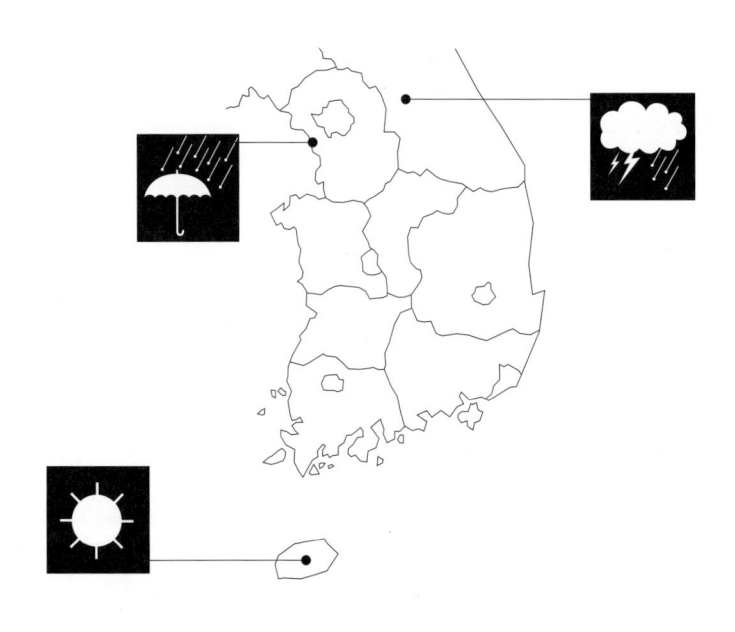

다미: 소영 씨, 우리 내일 가까운 곳으로 놀러 갈까요?
소영: 네, 좋아요. 어디 갈까요?
다미: 인천 어때요?
소영: 안 돼요. 내일 인천에 _____. 신문_____ 봤어요.
다미: 그럼 춘천에 갈까요?
소영: 글쎄요. 춘천도 날씨가 별로 좋지 않다고 해요.
다미: 그러면 내일은 영화나 보러 갑시다.
소영: 그래요.

Ⅳ. 다음은 한국의 4계절입니다. 다음 낱말들을 사용하여 한국의 4계절에 대하여 쓰십시오. 낱말은 한 번씩만 사용하십시오.

| 따뜻하다 | 덥다 | 춥다 | 바람이 많이 불다 | 맑다 |
| 눈이 오다 | 선선하다 | 날씨가 좋다 | 후텁지근하다 | 비가 오다 |

1.

한국은 봄에 **바람이 많이 붑니다**. 그렇지만 _____. 예쁜 꽃과 새싹들을 볼 수 있습니다. 그래서 사람들은 가족들과 함께 산이나 공원으로 놀러갑니다.

2.

여름에는 기온이 30도를 넘습니다. 굉장히 _____. 그리고 비가 많이 _____. 유월부터 한 달 정도 계속해서 비가 오는데 이것을 장마라고 합니다. 이 때는 습기가 많습니다. 그래서 _____. 그리고 불쾌지수도 높습니다. 장마가 끝난 후에 더 더워집니다. 그래서 사람들은 보통 휴가를 떠납니다. 바다나 산으로 피서를 갑니다.

3.

더운 여름이 지나고 가을이 되면 날씨가 _____. 가을에는 하늘이 아주 푸르고 _____. 단풍 구경을 하러 산에 갑니다.

4.

겨울이 되면 _____. 그래서 아이들은 눈사람을 만듭니다. 스키도 탈 수 있습니다. 가끔 기온이 영하 10도 이하로 내려갑니다. 이 때는 너무 _____.

◆ 조건의 연결어미: -(으)면 ◆

앞의 문장이 뒤의 문장의 조건이 될 때 사용한다.

기본형	어간	-(으)면
만나다	만나	만나면
읽다	읽	읽으면

A: 이번 주말에도 등산 갈 거예요?
B: 네. 그렇지만 비가 오면 안 갈 거예요.

연습

기본형	-(으)면	
배우다	배우면	
좋아하다		
친절하다		
읽다	읽으면	
먹다		
좋다		
듣다	들으면	ㄷ → ㄹ
묻다		
만들다	만들면	ㄹ → ∅
길다		
춥다	추우면	ㅂ → 우
덥다		

다음 대화를 '-(으)면'을 사용하여 완성하십시오.

| 시간이 있다 | 날씨가 춥다 | 창문을 열다 |
| 음악을 듣다 | 일찍 퇴근하다 | 아주 재미있다 |

1. A: 친구에게 편지를 자주 합니까?
   B: 아니요, 보통 전화를 합니다. 그렇지만 **시간이 있으면** 편지를 씁니다.

2. A: 이번 일요일에 뭐 할 거예요?
   B: 등산 갈 거예요. 그렇지만 _____ 집에서 쉴 거예요.

3. A: 사무실이 너무 답답해요.
   B: 그래요? _____ 환기가 될 거예요.

4. A: 저녁은 매일 밖에서 사 먹습니까?
   B: 아니요, _____ 집에서 요리해 먹습니다.

5. A: 지금 듣는 곡은 누구의 음악이에요?
   B: 슈베르트 음악이에요. 저는 슈베르트 _____ 마음이 편안해져요.

◆ 선택의 보조사: -(이)나
◆ 선택의 연결어미: -거나

두 개나 그 이상의 선택 가능한 사물, 행동을 열거할 때 사용한다.

명사 + (이)나	동사 + 거나
사과나 바나나를 주세요. 칼이나 가위가 필요합니다.	편지를 쓰거나 전화를 합니다. 음악을 듣거나 책을 읽습니다.

I. 다음 대화를 완성하십시오.

1. A: 지금 살고 있는 하숙집은 어때요?
   B: 별로 좋지 않아요. 그래서 다음 달부터 자취하려고 해요. 학교 근처에 괜찮은 **아파트나 오피스텔**이 없을까요?
   (아파트/오피스텔)

2. A: 목이 마른데 시원한 _____ 좀 주세요.
   (콜라/주스)
   B: 목이 마를 때는 음료수보다 물이 좋아요. 물을 드세요.

3. A: 한국 사람들은 신혼 여행을 어디로 많이 갑니까?
   B: 전에는 보통 _____로 많이 갔는데 요즘은 해외로도 많이 갑니다.
   (설악산/제주도)

4. A: 우리 회사에서 일하려면 _____ 중에서 한 가지 외국어를 할 수 있어야 합니다.
   (영어/일어)
   어떤 외국어를 할 수 있습니까?
   B: 저는 영어하고 일어 모두 할 수 있습니다.

Ⅱ. 다음 세 사람은 학교 친구입니다. 시간이 있으면 보통 무엇을 하는지 서로 이야기합니다. 다음 표를 보고 '-거나'를 사용하여 쓰십시오.

하는 일 이름	비디오	피아노	음악	책	수영
마이클	√		√		
제니퍼		√			√
요코					√

마이클: 저는 보통 주말에 시간이 있으면 비디오를 _____.

제니퍼 씨는 뭐 합니까?

제니퍼: 저는 _____. 저는 운동을 좋아해서 수영을

자주 하는 편입니다.

요코: 저도 운동을 아주 좋아해요. 그래서 시간이 있으면 _____ 테니스를 칩니다.

◆ 출처의 부사격 조사: -에서, -에게서 ◆

소식이나 정보의 출처를 말할 때 사용한다.

-에게서 / 한테서	-에서
친구, 선생님, 어머니……	신문, 잡지, 텔레비전……

미라: 그 이야기를 어떻게 알았어요?
한나: 친구에게서 들었어요. 미라 씨는요?
미라: 저는 잡지에서 읽었어요.

Ⅰ. 다음 글을 완성하십시오.

　　우리는 지금 정보화 시대에 살고 있습니다. 여러분은 보통 어디에서 정보를 얻습니까? 옛날에는 다른 사람들_____ 소식을 듣거나 편지로 소식을 전했습니다. 그리고 책_____ 정보를 얻을 수도 있었습니다.
　　신문이 만들어지면서 정보 전달은 조금씩 빨라졌습니다. 그래서 사람들은 신문_____ 많은 정보를 얻을 수 있게 되었습니다. 또한 라디오의 발명으로 세계의 소식을 더 빠르게 알 수 있게 되었습니다. 무엇보다 라디오는 먼 곳에 있는 사람들을 가깝게 만들었습니다. 라디오가 발명된 후 텔레비전이 나왔습니다. 사람들은 텔레비전_____ 정보나 소식을 더 쉽게 얻게 되었습니다.
　　오늘날 우리는 정보를 많은 곳_____ 얻을 수 있습니다. 친구 _____, 책 _____, 신문 _____, 라디오 _____, 텔레비전 _____……. 그리고 또한 컴퓨터가 여러분을 도와 줄 겁니다. 그래서 사람들은 인터넷_____ 필요한 모든 정보를 얻을 수 있습니다.
　　앞으로 미래에는 어디에서 정보를 얻게 될까요?

Ⅱ. _____에 맞는 것을 찾아 쓰십시오.

| 에 | 에게(한테) | 에서 | 에게서(한테서) |

1. 성희: 옷이 멋있어요. 어디**에서** 샀어요?
   은주: 작년에 백화점_____ 샀어요.

2. 영식: 비행기 추락 사고 소식 들었습니까?
   준호: 아니요. 못 들었습니다.
   영식: 지금 회사에 올 때 라디오_____ 들었는데 사람이 많이 다쳤다고 합니다.

3. 아내: 여보, 회사_____ 전화가 왔었어요.
   남편: 누구_____ 왔어요?
   아내: 김민호 씨_____ 왔어요.

4. 민수: 이 책을 제임스 씨_____ 빌렸습니까?
   영희: 아니요, 도서관_____ 빌렸어요.

5. 건우: 니콜 씨는 한국어를 혼자 공부합니까?
   니콜: 아니요, 학교_____ 한국어를 배웁니다. 일이 끝난 후에 학교에 갑니다.

6. 찬수: 이 자료를 어디에서 찾았어요?
   수진: 인터넷_____ 찾았어요.

7. 말린: 내일 수업이 없어요.
   사라: 어떻게 알았어요?
   말린: 선생님_____ 들었어요.

어휘 (Vocabulary Focus)

날씨

I. 다음 그림을 보고 맞는 표현을 연결하십시오.

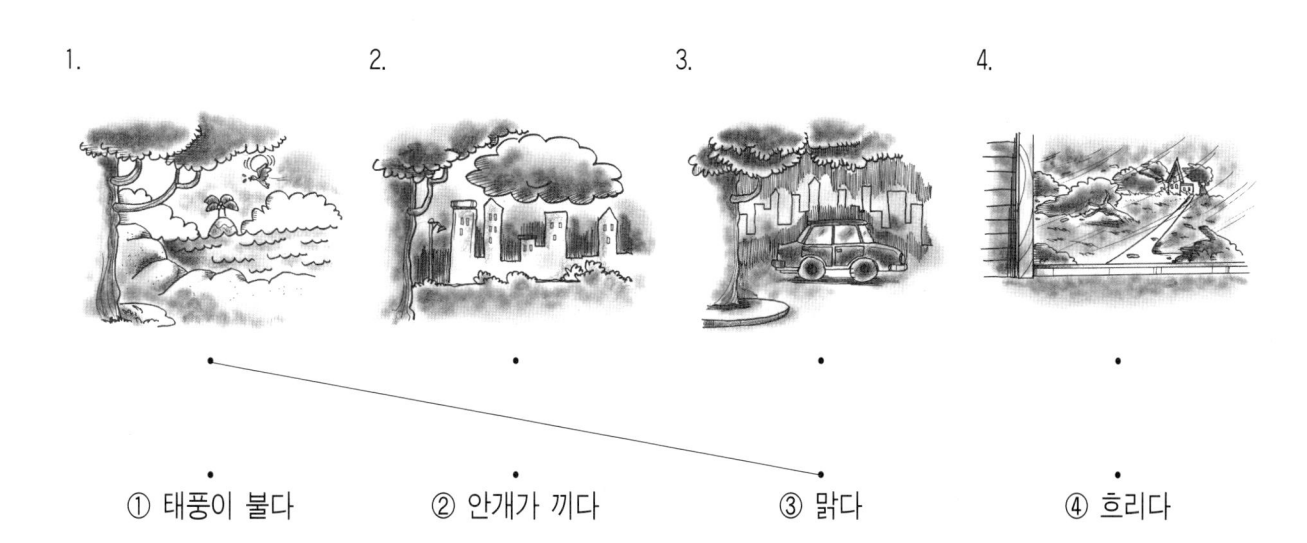

1.   2.   3.   4.

① 태풍이 불다   ② 안개가 끼다   ③ 맑다   ④ 흐리다

II. 다음에서 관련이 없는 낱말을 고르십시오.

1. 쌀쌀하다   춥다   (샌들)   코트
2. 후텁지근하다   불쾌지수   장마   눈
3. 삼복 더위   10월   말복   여름

III. 낱말 맞추기

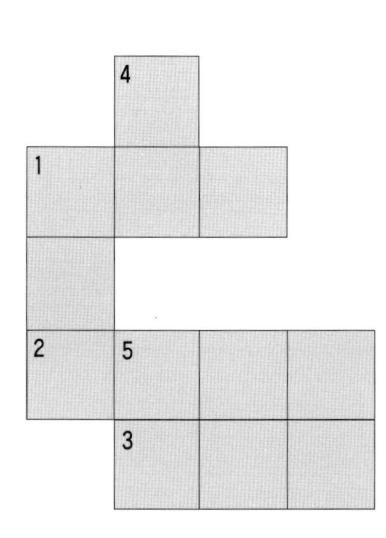

가로

1. 하루의 기온의 차이.
2. "내일의 날씨를 전해 드리겠습니다. 내일은……."
3. 온도를 측정하는 기계.

세로

1. 주말은 토요일하고 _____입니다.
4. 초등_____, 중_____, 고등_____
5. 최저_____은 13℃, 최고_____은 27℃가 되겠습니다.

상황 표현 (Function Focus)

물건 찾기

교실에서 제임스가 연필을 잃어 버려서 찾고 있습니다. 제임스는 친구에게 어떻게 물어 볼까요?

A: 연필이 없어졌어요. 내 연필 _____?
B: 아까 책 밑에 있었어요.
A: 여기 있군요. 고마워요.

   (1) 못 봤어요   (2) 볼 수 있었어요

정보 주기

라면 자판기 앞에서 처음 보는 사람이 자판기 사용법을 묻습니다. 잘 모르는 사람에게 사용법을 가르쳐 주려고 할 때 어떻게 말하겠습니까?

A: 실례합니다. 이 라면 자판기를 어떻게 사용하는지 아십니까?
B: 네, 제가 _____. 먼저 천 원짜리 지폐를 넣고 이 버튼을 누르십시오. 그러면 라면이 나올 겁니다.

   (1) 가르쳐 드리겠습니다   (2) 가르쳐 줄게

제안에 동의하기

아내가 일기 예보를 듣고 옷차림을 조언해 줍니다. 아내의 제안에 동의할 때 남편은 어떻게 말할까요?

A: 오늘은 눈이 많이 올 거예요. 그러니까 바바리 코트를 입고 가는 게 어때요?
B: _____.

   (1) 그게 좋았어요   (2) 그게 좋겠어요

대화 (Sample Dialogs)

Ⅰ. 다음을 읽고 답하십시오.

> 남편: 여보, 내 손수건 어디에 있어요?
> 아내: 옷장 두 번째 서랍에요.
> 남편: 참, 일기 예보 들었어요?
> 아내: 네, 아까 라디오 ①_____ 들었어요. 오후에 비가 오고 바람이 많이 불 거래요.
> 남편: 그러면 오늘은 좀 쌀쌀하겠군요.
> 아내: 그러니까 바바리 입고 가세요. 그리고 우산도 가져가세요.
> 남편: 알았어요. 그런데 차 열쇠가 없어요. 차 열쇠 못 봤어요?
> 아내: 아까 텔레비전 위에서 봤어요.
> 남편: 아, 여기 있어요.
> 아내: 비가 오면 길이 막히니까 오늘은 자동차 가져가지 마세요.
> 남편: 그게 좋겠어요.
> 아내: 늦겠어요. 빨리 가세요.

1. 오늘 날씨는 어떻습니까?
   (1) 아침에 비가 올 거다.   네_____ 아니요_____
   (2) 바람이 별로 불지 않을 거다.   네_____ 아니요_____
   (3) 좀 추울 거다.   네_____ 아니요_____

2. ①에 맞는 맞게 쓰십시오.
   _____

3. 아내는 왜 차가 막힐 거라고 생각했습니까?
   _____

4. 손수건은 옷장 _____ 서랍에 있다.
   차 열쇠는 텔레비전 _____ 있다.

Ⅱ. 다음을 읽고 답하십시오.

> 이치로: 역시 설악산은 경치가 좋군요. 공기도 맑고요.
> 제임스: 설악산에 참 잘 왔어요.
> 이치로: 그런데 내일 눈이 많이 올 거예요.
> 제임스: 그래요? 일기 예보를 들었어요?

이치로: 아까 텔레비전에서 봤어요.
제임스: 그럼 내일 등산을 못 하겠군요.
이치로: 그러면 내일은 뭘 할까요?
제임스: 우리 수영이나 ① 볼링을 합시다.
이치로: 글쎄요. 나는 노래방에 가고 싶어요.
제임스: 노래방은 저녁에도 갈 수 있으니까 먼저 ② 수영을 합시다.
이치로: 그래요. 그리고 모레 날씨가 좋아지면 등산을 하거나 ③ 테니스를 칩시다.
제임스: 좋아요.

1. 두 사람은 어디에서 이야기하고 있습니까?
   (1) 설악산　　　　　　(2) 관광 버스 안

2. 두 사람은 내일 제일 먼저 무엇을 할 겁니까?
   _____

3. 내일 왜 등산을 할 수 없습니까?
   (1) 눈이 올 겁니다.　　(2) 아주 추울 겁니다.

4. ①②③의 표현은 언제 사용합니까?
   (1) 소개할 때　　　　　(2) 제안할 때

Ⅲ. 다음을 읽고 답하십시오.

민수: 마틴 씨, 언제 한국에 갈 겁니까?
마틴: 다음 달에 갈 겁니다. 민수 씨, 한국의 여름 날씨는 어떻습니까?
민수: 한국의 여름 날씨는 덥습니다. 특히 장마철이 되면 습기가 많고 후텁지근합니다.
마틴: 장마가 무엇입니까?
민수: 장마는 여름에 약 한 달 정도 비가 오는 시기를 말합니다. 비가 오지만 시원하지 않습니다.
마틴: 언제 장마가 시작됩니까?
민수: 보통 유월 중순이나 유월 말부터 장마가 시작됩니다.
마틴: 장마가 끝난 후의 날씨는 어떻습니까?
민수: 굉장히 덥습니다. 그래서 오후에 밖에 너무 오래 있으면 더위를 먹습니다. 더위를 먹으면 어지럽고 머리가 아픕니다.
마틴: 어이구, 벌써부터 걱정이 됩니다. 저는 여름을 싫어합니다.
민수: 걱정하지 마십시오. 제가 좋은 방법을 가르쳐 드리겠습니다.

1. 장마철의 특징이 아닌 것은 무엇입니까?
   (1) 습기가 많다　　(2) 시원하다　　(3) 후텁지근하다　　(4) 한 달 정도 비가 온다

2. 장마는 6월 4일이나 5일경에 시작한다.　　　　　　　　　　　네_____ 아니요_____

3. 여름에는 너무 덥기 때문에 음식을 많이 먹으면 어지럽고 머리가 아프다.　네_____ 아니요_____

4. 민수는 지금 외국에서 살고 있다.　　　　　　　　　　　　　　네_____ 아니요_____

제 14 과

사회 생활

문법 및 구조 (Grammar Focus)

◆ 청유의문문: -(으)ㄹ까요? ◆

다른 사람에게 어떤 일을 제안하면서 그 사람의 의향을 물을 때 사용한다.

기본형	어간	-(으)ㄹ까요?
가다	가	갈까요?
먹다	먹	먹을까요?

◆ 청유문: -(으)ㅂ시다 ◆

다른 사람에게 같이 무엇을 하자고 제안할 때 사용한다.

기본형	어간	-(으)ㅂ시다
가다	가	갑시다
먹다	먹	먹읍시다

A: 이번 주말에 여행**할까요**? 집에서 **쉴까요**?
B: 집에서 **쉽시다**.

연습

기본형	-(으)ㄹ까요?	-(으)ㅂ시다	-지 맙시다
가다	갈까요?	갑시다	가지 맙시다
보다			
앉다			
놓다			
듣다	들을까요?		
걷다			
만들다	만들까요?		
열다			
돕다	도울까요?		
줍다			

◆ 접속부사 II: 그러니까 ◆

1. 어떤 일의 이유를 말할 때 사용한다.
2. '그러니까'가 이끄는 문장은 문장 끝에 보통 청유형이나 명령형으로 쓰인다.

> A: 점심에 무엇을 먹을까요?
> B: 한식을 먹읍시다.
> A: 좋아요. 그러면 비빔냉면을 먹을까요? 불고기를 먹을까요?
> B: 비빔냉면은 너무 매워요. **그러니까 불고기를 먹읍시다.**

I. A와 B의 문장을 연결하십시오. 그리고 B의 _____에 맞는 문장을 쓰십시오.

A

1. 이번 휴가에 산에 갈까요? 바다에 갈까요?
2. 피자를 먹을까요? 김치찌개를 먹을까요?
3. 오후에 테니스를 칠까요? 볼링을 칠까요?
4. 백화점에 갈 때 버스를 탈까요? 지하철을 탈까요?

B

① 비가 올 것 같습니다. 그러니까 _____.

② 오늘은 토요일입니다. 그래서 길이 막힐 겁니다. 그러니까 _____.

③ 수영을 하고 싶습니다. 그러니까 **바다에 갑시다.**

④ 나는 어제도 피자를 먹었습니다. 그러니까 _____.

II. 다음 대화를 '-(으)ㄹ까요?, -(으)ㅂ시다'를 사용해서 완성하십시오.

1. (백화점에서)
   진이: 오늘부터 세일이군요. 옷을 먼저 <u>구경할까요?</u>
                                         (구경하다)
   수진: 내일이 제 어머니 생신이라서 스카프를 사려고 해요. 그러니까 우선 스카프를 _____.
                                                                                           (보러 가다)

2. (도서관에서)
   샘 : 민수 씨, 공부가 잘 돼요?
   민수: 잘 안 돼요. 자꾸 졸려요.
   샘 : 그러면 잠깐 커피 한 잔 _____?
                                    (마시다)
   민수: 좋아요. 잠깐 쉬고 계속합시다.

3. (회사 구내 식당에서)
   니콜: 오늘 메뉴가 비빔밥이군요. 저는 어제도 비빔밥을 먹었는데……
   창수: 저도 비빔밥은 너무 매워서 좋아하지 않아요.
   니콜: 메뉴가 마음에 들지 않으니까 오늘 밖에 나가서 일식을 _____?
                                                                    (먹다)
   창수: 좋아요.

4. (사무실에서)
   선영: 공기가 좀 나쁘지요? 아까부터 머리가 아파요.
   유정: 사람들이 담배를 많이 피워서 그래요. 창문을 좀 _____.
                                                              (열다)

◆ 의무의 보조동사: -어/아야 하다 ◆

반드시 해야 하는 일, 의무를 표현할 때 사용한다.

기본형	-어/아요	-어/아야 하다
가다	가요	가야 하다
읽다	읽어요	읽어야 하다

연습

기본형	-어/아야 합니다	기본형	-어/아야 합니다
사용하다	사용해야 합니다	걷다	
고치다		만들다	
먹다		팔다	
닫다		돕다	
묻다		줍다	

◆ 부정형 Ⅲ: -지 않아도 되다 ◆

1. '-어/아야 하다'의 부정형이다.
2. 어떤 일을 해야 할 필요가 없을 때 사용한다.

A: 지금 스키 장비를 사야 합니까?
B: 지금은 사지 않아도 됩니다. 나중에 사십시오.

기본형	어간	-지 않아도 되다
가다	가	가지 않아도 되다
먹다	먹	먹지 않아도 되다

Ⅰ. 다음 대화를 '-어/아야 하다'를 사용하여 완성하십시오.

1. (학교 등록처에서)
   A: 이 학교에서 공부하고 싶습니다. 무엇을 준비해야 합니까?
   B: 여권의 앞면을 **복사해야 하고** 신청서도 _____.
         (복사하다)   (쓰다)
   A: 언제까지 _____?
              (등록하다)
   B: 9월 20일까지 해야 합니다.

2. (감자튀김을 만들고 있다.)
   A: 지금 감자를 기름에 넣을까요?
   B: 안 돼요. 기름이 뜨거워진 후에 _____.
                                    (넣다)

3. A: 주말에 영화를 보러 갑시다.
   B: 미안해요. 월요일에 시험이 있어서 _____.
                                       (공부하다)

4. (비서실에서)
   A: 사장님을 지금 만날 수 있습니까?
   B: 잠깐만 기다리십시오.
   A: 제가 좀 바쁜데 얼마나 _____?
                             (기다리다)
   B: 10분 정도만 기다리시면 됩니다.
   A: 네, 알겠습니다.

5. A: 추석에 부산에 가려고 합니다.
   B: 무엇을 타고 갈 겁니까?
   A: 기차를 타고 가려고 하는데 표를 언제 사야 합니까?
   B: 추석에는 기차를 이용하는 사람들이 많습니다. 그러니까 표를 한 달 전쯤에 _____.
                                                                              (예매하다)

Ⅱ. 다음 대화를 읽고 '-지 않아도 되다'를 사용해서 문장을 완성하십시오.

1. (놀이 동산에서)
   미영: 이 아이는 세 살인데 요금을 내야 합니까?
   안내: 아니요, **내지 않아도 됩니다.** 네 살부터 냅니다.
              (내다)

2. (따르릉)

    비서: 여보세요? 삼진건설입니다.

    민수: 입사 원서를 내려고 합니다. 회사에 직접 가져가야 합니까?

    비서: 직접 _____. 우편으로 보내도 됩니다.
    　　　　　　(오다)

3. 연이: 다음 달에 여행을 가려고 하는데 지금 예약해야 합니까?

    민경: 요즘은 휴가철이 아니라서 _____. 아마 여행 일 주일 전쯤에
    　　　　　　　　　　　　　　　　　　(예약하다)

    예약하면 될 겁니다.

4. 리처드: 내일 한국 친구한테서 초대를 받았습니다. 한국 사람 집에 처음 방문하는데 정장을 입어야 합니까?

    민정: 친한 친구라면 정장을 _____.
    　　　　　　　　　　　　　　　　(입다)

◆ 접속부사 II: 그러면 ◆

앞의 문장이 뒤의 문장의 조건을 설명할 때 사용하는 접속사이다.

> A: 에어컨 바람이 너무 강한 것 같아요.
> B: 그래요? **그러면** 에어컨을 끌까요?
> A: 네, 꺼 주세요.

I. 다음 낱말을 이용해서 _____에 알맞게 쓰십시오.

1. A: 이번에 하숙집에서 자취집으로 이사했어요.
   B: 그러면 가구들이 필요하겠군요.
   A: 네. 우선 책상하고 침대가 필요해요. 어디에 가서 사면 될까요?
   B: 중고 시장에 가 보세요. <u>그러면 **싸게 살 수 있습니다.**</u>
   　　　　　　　　　　　　　　(싸게 사다)

2. A: 오늘 점심은 양식으로 할까요?
   B: 요즘은 양식을 먹으면 소화가 잘 안 됩니다.
   A: _____.
   　　　　　(한식을 먹다)
   B: 좋습니다.

3. A: 다음 주에 여행을 가는데 문제가 있어요.
   B: 뭔데요?
   A: 강아지 때문이에요. 강아지를 맡길 곳이 없어요.
   B: _____.
   　　　　　(가축 병원에 맡기다)

4. A: 이 소포를 브라질로 부치려고 해요.
   B: 소포가 무거워요?
   A: 네. 3kg 정도 돼요. 요금이 비쌀 것 같아요.
   B: _____. 항공 우편보다 훨씬 싸요.
       (배로 보내다)

II. 다음 _____에 알맞은 것을 찾아 쓰십시오.

그러면   그러니까   그렇지만   그래서

마이클은 영민과 휴가에 여행을 가기로 했다. 마이클은 경주에 가고 싶어한다. 아직 경주에 가 보지 않았기 때문이다. **그렇지만** 영민은 작년 여름에 경주에 갔었다. _____ 올해는 부산에 가고 싶어한다.

"마이클 씨, 부산에 가면 바다에서 수영할 수도 있고 싱싱한 생선회도 먹을 수 있습니다. _____ 부산으로 갑시다."
"좋습니다. 그런데 영민 씨, 부산까지 어떻게 갈까요?"
"자동차로 갑시다."
"요즘은 휴가철이라서 고속 도로로 가면 시간이 많이 걸릴 겁니다."
"_____ 기차를 타고 갑시다."
"기차표는 언제 살까요?"
"요즘에는 휴가 가는 사람이 많습니다. _____ 표를 빨리 예매합시다."
"서울역에 가서 사야 합니까?"
"아닙니다. 직접 가지 않아도 됩니다. 서울역에 전화하면 예약할 수 있습니다."
"그렇습니까? _____ 제가 지금 전화하겠습니다."

어휘 (Vocabulary Focus)

영화

Ⅰ. 다음 낱말과 관계 있는 영화는 무엇입니까?

| 만화 영화 | 코미디 영화 | 공상 과학 영화 | 뮤지컬 | 서부 영화 | 공포 영화 |

1. 드라큘라, 귀신, 13일의 금요일, 무섭다 : 공포 영화
2. 그림, 라이온 킹, 미키 마우스, 디즈니 : _____
3. 브로드웨이, 노래, 춤, 사운드 오브 뮤직 : _____
4. 마스크, 찰리 채플린, 재미있다, 웃음 : _____
5. 우주선, 화성, 외계인, 비행접시(UFO) : _____
6. 말, 총, 존 웨인, 클린트 이스트우드 : _____

Ⅱ. 다음 낱말 중에서 관계가 없는 것을 골라 쓰십시오.

1. 회사   회식   구내 식당   시골   : 시골
2. 공항   대형 할인 매장 출국 수속   대기실 : _____
3. 여관   호텔   4박 5일   민박   : _____

Ⅲ. 낱말 맞추기

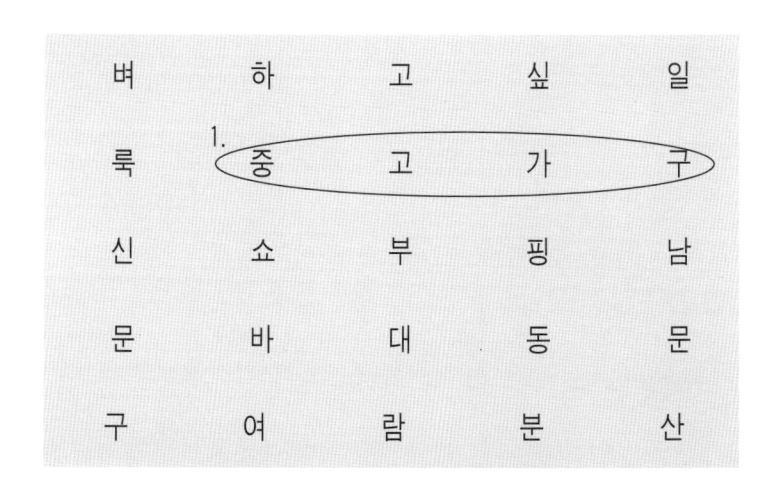

벼	하	고	싶	일
룩	중	고	가	구
신	쇼	부	핑	남
문	바	대	동	문
구	여	람	분	산

1. 이미 오랫동안 사용한 가구를 ○○○○라고 합니다.
2. 집을 구할 때 ○○○에 갑니다.
3. 여러 가지 싼 물건을 ○○○○의 광고를 보고 살 수 있습니다.
4. '○○맞았다'는 만나기로 한 친구가 약속 시간에 나오지 않았다는 뜻입니다.

상황 표현 (Function Focus)

제안하기

1. 친구에게 같이 영화를 보자고 제안하고 싶습니다. 어떻게 말할까요?

   A: 이번 주말에 영화 보러 갑시다. _____?
   B: 네, 좋아요.

      (1) SF 영화 좋아해요   (2) SF 영화 어때요

2. 회사 동료와 같이 퇴근 후에 술을 마시고 싶습니다. 어떻게 말할까요?

   A: 오늘 일 끝나고 _____.
   B: 좋습니다.

      (1) 한잔 합시다   (2) 술에 취했어요

상대방 의견에 동의하기

다음과 같은 상황에서 어떻게 말할까요?

(가) 네, 알겠습니다
(나) 정말 좋은 생각이에요
(다) 그렇게 합시다(그럽시다)

1. A: 이제 시험도 다 끝났어요. 이번 주말에 영화 한 편 어때요?
   B: _____.
   A: 그러면 토요일 오후 3시쯤에 만날까요?
   B: _____.

2. A: 오늘 퇴근 후에 회식이 있습니다. 꼭 오십시오.
   B: _____.

대화 (Sample Dialogs)

I. 다음을 읽고 답하십시오.

> 마이클: 영민 씨, 다음 주에 시간이 있습니까?
> 영민: 다음 주 언제요?
> 마이클: 토요일에요.
> 영민: 토요일 오후에는 시간이 있습니다.
> 마이클: 그러면 같이 영화를 봅시다.
> 영민: 무슨 영화를 볼까요?
> 마이클: 미국 영화를 봅시다. SF 영화 _____①_____?
> 영민: 네, 좋아요. 그 영화는 어디에서 합니까?
> 마이클: 서울극장에서 합니다. 3시에 만납시다.
> 영민: 어디에서 _____②_____?
> 마이클: 극장 앞에서 만납시다.
> 영민: 극장 앞에는 사람이 너무 많습니다. 극장 옆 커피숍에서 만납시다.
> 마이클: 좋아요. 그러면 다음 주 토요일 3시에 커피숍에서 만납시다.

1. 두 사람은 주말에 영화를 보려고 한다.

    네 _____ 아니요 _____

2. 마이클은 영민에게 SF 영화를 보자고 합니다. ①에 맞는 말을 고르십시오.

    (1) 봅시다   (2) 어때요

3. 다음 ②에 들어갈 수 있는 말은 무엇입니까?

    (1) 만납시다   (2) 만날까요

4. 영민과 마이클은 지금 _____ 하고 있다.

    (1) 거절   (2) 인사   (3) 약속

II. 다음 글을 읽고 답하십시오.

> 경수: 영민 씨, 이번 주 토요일 오후에 회식이 있습니다. 이야기 들었습니까?
> 영민: 아니요, 몇 시예요?
> 경수: 회사일이 끝나고 2시에 회사 앞 식당입니다.
> 영민: 네, 알겠습니다.
> 경수: 그런데 영민 씨, 오늘 일 끝나고 한잔 합시다.
> 영민: 오늘은 안 됩니다. 오늘 시골에서 부모님이 올라오십니다. 저녁에 공항에 나가야 합니다. _____ 술은 다음에 합시다.
> 경수: 집에 무슨 일이 있습니까?
> 영민: 네, 어머니 생신입니다. 술은 내일 어때요?
> 경수: 좋습니다. 내일 한잔 합시다.

1. 영민은 경수와 오늘 술을 마실 거다.

   네 _____ 아니요 _____

2. 다음 _____에 들어갈 수 있는 말은 무엇입니까?

   (1) 그런데   (2) 그러니까

3. '술을 마시러 갈까요?' 와 같은 뜻으로 쓰인 말은 무엇입니까? 위에서 찾아 쓰십시오.

   _____

III. 다음 글을 읽고 답하십시오.

> 마이클: 경수 씨, 이번 휴가에는 어디로 갈까요?
> 경수: 글쎄요. 제주도는 어떨까요? 제임스 씨는 제주도에 가 봤습니까?
> 마이클: 네, 제주도는 작년 여름에 가 봤습니다.
> 경수: 그럼 어디가 좋을까요? 마이클 씨는 어디를 가고 싶습니까?
> 마이클: 경주에 가고 싶어요. 설악산도 좋고요.
> 경수: 그럼 경주로 갈까요?
> 마이클: 좋습니다.
> 경수: 며칠 동안 있을까요?
> 마이클: 4박 5일이 좋겠어요. 그런데 잠은 어디에서 잘까요?
> 경수: 경주에는 여관이나 호텔이 아주 많이 있습니다. 그렇지만 주말에는 경주를 여행하는 사람이 아주 많습니다. _____ 호텔을 예약합시다.
> 마이클: 그럽시다.

1. 마이클과 경수는 5일 동안 경주를 여행할 거다.

   네 _____ 아니요 _____

2. 왜 호텔을 예약해야 합니까?

   _____

3. 다음 _____에 맞는 것은 무엇입니까?

   (1) 아니면   (2) 그러니까   (3) 그런데

Ⅳ. 다음 글을 읽고 답하십시오.

> 제임스: 경희 씨, 안녕하세요?
> 경희: 안녕하세요? 제임스 씨! 요즘 어떻게 지내세요?
> 제임스: 잘 지냅니다. 그런데 경희 씨, 이번 주말에 시간 있습니까?
> 경희: 네, 시간 있어요. 왜요?
> 제임스: 경희 씨와 데이트를 하고 싶어서요.
> 경희: 좋아요.
> 제임스: 그러면 같이 영화를 볼까요?
> 경희: 글쎄요. 요즘 재미있는 영화가 없는 것 같아요.
> 제임스: 그러면 에버랜드에 갈까요?
> 경희: 에버랜드는 너무 멀어요. 그리고 주말이라서 길이 막힐 거예요. 그러니까 에버랜드는 가지 맙시다.
>   제임스 씨, 야구 경기 관람은 어때요?
> 제임스: 야구요? 경희 씨도 야구를 좋아합니까?
> 경희: 네, 지난 주부터 프로 야구가 시작됐어요.
> 제임스: 좋습니다. 이번 주말에는 어디에서 야구 경기가 있습니까?
> 경희: 토요일에 잠실 운동장에서 LG와 해태의 경기가 있어요.
> 제임스: 그러면 토요일에 잠실 운동장에 갑시다.
> 경희: 그럽시다.

1. 두 사람은 야구 경기를 볼 거다.

   네 _____ 아니요 _____

2. 경희는 왜 에버랜드에 안 가려고 했습니까? 이유가 <u>아닌</u> 것을 고르십시오.

   (1) 너무 멀다   (2) 길이 막힌다   (3) 시간이 없다

제 15 과

취미

문법 및 구조 (Grammar Focus)

◆ 동사의 명사형: -기, -는 것 ◆

동사를 명사로 만들 때 사용한다.

| 책 읽기
그림 그리기
사진 찍기 | 입니다 | 책 읽는 것
그림 그리는 것
사진 찍는 것 | 을 좋아합니다 |

연습

기본형	-기	-는 것
그리다	그리기	그리는 것
모으다		
먹다		
읽다		
듣다		
걷다		
만들다		만드는 것
돕다		

I. 다음 글을 읽고 표의 빈 칸에 √표를 하십시오.

> 제 이름은 줄리입니다. 프랑스에서 왔습니다. 저는 여행을 자주 합니다. 여행을 가면 예쁜 엽서를 삽니다. 지금 200장이 넘었습니다. 저는 한국말을 6개월 동안 배웠습니다. 한국말은 프랑스말과 많이 달라서 어렵지만 재미있습니다. 제 친한 친구들을 소개하겠습니다.
>
> 제임스 씨는 영국 사람입니다. 요리하는 것을 좋아합니다. 주말마다 우리를 초대해서 맛있는 음식을 해 줍니다. 제임스 씨의 취미는 음악 듣기입니다. 팝송을 즐겨 듣습니다. 음악에 대해서 많이 압니다.
>
> 스테파노 씨는 이태리에서 왔습니다. 스테파노 씨의 취미는 그림 그리기입니다. 우리의 얼굴을 그려 준다고 약속했습니다. 또 한국어 수업이 끝나면 항상 헬스 클럽에 가서 운동합니다.
>
> 메링 씨는 중국 학생입니다. 무척 부지런합니다. 메링 씨는 예쁜 민속 인형 모으는 것을 좋아합니다. 그리고 영화 보는 것도 좋아합니다.

	영화 감상	음악 감상	독서	그림 그리기	운동 하기	등산 하기	엽서 모으기	요리 하기	기타
줄리							√		여행하기
제임스									
스테파노									
메링									민속 인형 모으기

Ⅱ. 다음 표를 보고 대화를 완성하십시오.

	운동하다	옷을 만들다	퍼즐을 맞추다	음악을 듣다
마틴	√		√	
수미				√
안나		√		

수미: 마틴 씨, 시간이 있을 때 무엇을 합니까?

마틴: 저는 _____을 좋아합니다.
그리고 제 딸과 자주 퍼즐도 맞춥니다.
수미 씨는 취미가 무엇입니까?

수미: 제 취미는 _____입니다.

마틴: 클래식 음악을 많이 듣습니까?

수미: 아니요. 저는 보통 팝송과 가요를 듣습니다.

마틴: 안나 씨는 시간이 나면 무엇을 합니까?

안나: 제 취미는 _____입니다.
그래서 제 아이의 옷을 제가 직접 만듭니다.

◆ 의도의 보조동사: -(으)려고 하다 ◆

계획이나 의도를 나타낸다.

> A: 이번 휴가에 무엇을 할 겁니까?
> B: 제주도로 여행을 가려고 합니다.

기본형	어간	-(으)려고 하다
보다	보	보려고 하다
먹다	먹	먹으려고 하다

연습

기본형	-(으)려고 하다	
가다	가려고 합니다	
읽다		
닫다		
묻다		ㄷ → ㄹ
걷다		
팔다		
살다		
줍다		ㅂ → 우
돕다		

-(으)려고 했다

어떤 일을 계획했지만 그 계획이 실현되지 않았을 때 사용한다.

I. 다음 그림을 보고 맞는 것을 고르십시오.

1. 
2. 
3. 
4. 
5.

1. 민호는 (다이빙을 하려고 합니다, <u>다이빙을 했습니다</u>).

2. 교코는 (다이빙을 하려고 합니다, 다이빙을 했습니다).

3. 루치아노는 (샤워하려고 합니다, 샤워했습니다).

4. 베로니카는 (샤워하려고 합니다, 샤워했습니다).

5. 창수는 공을 (던지려고 합니다, 던졌습니다).

II. 표를 보고 _____ 에 맞게 쓰십시오. '-(으)려고 하다'를 사용하십시오.

요코

| 토요일 | 진수 씨와 등산 |
| 일요일 오후 | 쇼핑 |

수정

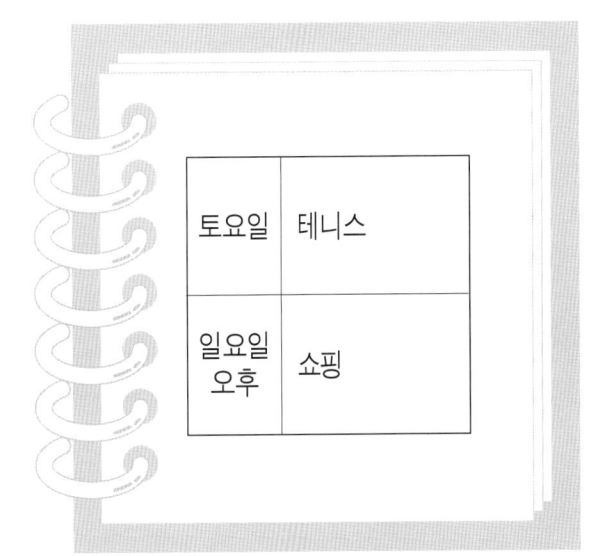

| 토요일 | 테니스 |
| 일요일 오후 | 쇼핑 |

수정: 여보세요? 요코 씨 있어요?

요코: 네, 전데요.

수정: 요코 씨, 저 수정이에요. 이번 토요일에 테니스를 _____.
시간이 있으면 같이 테니스 칩시다.

요코: 토요일에는 약속이 있어요. 진수 씨와 함께 _____.

수정: 그러면 일요일은 어때요?

요코: 일요일 오전에는 괜찮아요.

수정: 그러면 오전에 테니스를 칩시다. 그런데 일요일 오후에는 뭐 할 거예요?

요코: _____.

수정: 그래요? 저도 _____.

요코: 그러면 오전에 만나서 테니스를 치고 오후에 쇼핑하러 갑시다.

Ⅲ. 다음 사람들이 하는 말을 읽고 답을 쓰십시오.

제임스: 저의 어렸을 때 꿈은 오페라 가수였습니다. 노래 연습도 많이 했습니다. 음악대학에 가려고 했습니다. 그렇지만 부모님께서는 제가 사업가가 되기를 바라셨습니다. 그래서 저는 대학에서 경영학을 공부하고 있습니다. 나중에 회사를 경영하려고 합니다.

안젤라: 학생 때 장래 희망이 사회사업가였습니다. 그래서 어려운 사람들을 돕고 싶었어요. 저는 요즘도 양로원에 가서 자원 봉사자로 일을 하기도 합니다. 지금은 의사 시험 공부를 하고 있습니다. 의사가 되면 더 많은 사람들을 도와 줄 수 있다고 생각합니다.

저는 어렸을 때부터 테니스를 무척 좋아했습니다. 그래서 슈테피 그라프처럼 유명한 선수가 되고 싶었습니다. 그렇지만 긴 시간 동안 운동 연습을 하는 것이 너무 힘들었습니다. 그래서 포기했습니다. 5년 전부터 소설을 썼습니다. 한 달 전에는 운동 선수가 주인공인 소설을 썼습니다. 두 달 후에 새로운 소설이 나올 겁니다.

1. 빈 칸을 채우십시오.

	어렸을 때 꿈	현재 직업	이유
제임스	오페라 가수		부모님의 반대
안젤라		의대생	*
제니퍼			

2. 윗 글을 읽고 '-(으)려고 하다, -(으)려고 했다'를 사용해서 문장을 완성하십시오.

   (1) 제임스는 대학교에서 음악을 **공부하려고 했습니다.**

   (2) 제임스는 사업가가 _____.

   (3) 안젤라는 사회사업가가 되어서 어려운 사람을 _____.

   (4) 안젤라는 의사 시험을 _____. 그래서 지금 공부를 열심히 하고 있습니다.

   (5) 제니퍼는 테니스 선수가 _____ 긴 시간 동안 운동 연습을 하는 것이 힘들어서 소설가가 되었습니다.

Ⅳ. 다음 대화를 읽고 맞는 것을 고르십시오.

1. A: 저는 조종사가 되고 싶었어요.
   B: 저도 어렸을 때 조종사가 (되려고 해요, **되려고 했어요**). 그런데 눈이 나빠져서 될 수 없었어요.

2. A: 어제 미진 씨에게 데이트 신청을 했어요?
   B: 아니요, 할 수 없었어요. 미진 씨는 어제 제주도로 여행을 갔어요. 금요일에 오니까 그 때 다시 (전화하려고 해요, 전화하려고 했어요).

3. A: 이번 주말에 뭐 하실 거예요? 저는 1박 2일로 설악산에 단풍 구경을 (가려고 하는데, 가려고 했는데) 같이 가시겠어요?
   B: 사실 저는 집에서 (쉬려고 해요, 쉬려고 했어요). 그런데 역시 설악산의 단풍을 보는 것이 더 좋을 것 같아요. 저도 가겠어요.

4. A: 새해에 뭘 계획했어요?
   B: 저는 올해에는 꼭 자동차를 (사려고 해요, 사려고 했어요). 그래서 요즘 저축을 하고 있어요.

5. A: 저는 다이어트를 해서 5kg을 (빼려고 해요, 빼려고 했어요). 그런데 오히려 몸무게가 2kg이나 늘었어요. 운동을 더 많이 해야겠어요.
   B: 저도 다음 주부터 운동을 (하려고 해요, 하려고 했어요). 그래서 헬스 클럽에 등록했어요.

어휘 (Vocabulary Focus)

클럽

Ⅰ. 다음에서 맞는 것을 골라 _____에 쓰십시오.

| 가입하다 | 탈퇴하다 | 가입비 | 동호회 |

1. 제임스는 연극을 아주 좋아합니다. 그래서 연극 클럽에 **가입했습니다.**
2. 클럽을 다른 말로 _____라고도 합니다.
3. 신입 회원은 처음에 _____를 내고 회원이 됩니다.
4. 클럽에서 활동을 하다가 그 클럽이 마음에 들지 않으면 _____.

Ⅱ. 관계 없는 것을 고르십시오.

1. 연애 소설   수필집   시집   수면   :   **수면**
2. 팝송   가곡   사진   가요   :   _____
3. 애완 동물   동창   이구아나 취미   :   _____

Ⅲ. 낱말 맞추기

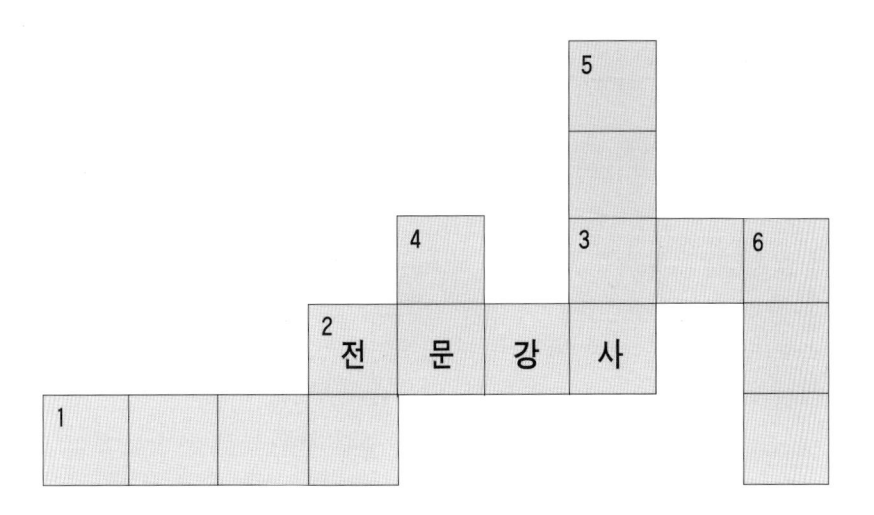

					5	
		4		3		6
	2 전	문	강	사		
1						

• 동사(動詞, verb)는 기본형(基本形, basic form)을 쓰십시오.

가로

1. 드라큘라, 귀신이 나오는 영화
2. 전문적으로 한 가지를 가르치는 사람
3. 이구아나를 집에서 _____ .

세로

2. 수민: "여보세요? 존 씨 계십니까?"
   -수민은 존 씨에게 _____ 합니다.
4. 방이 너무 덥습니다. _____을 열까요?
5. 택시를 운전하는 사람
6. 수영장에서 높은 곳에서 뛰어내리는 것

상황 표현 (Function Focus)

느낌 표현하기: 감탄

상대방이 말하는 것을 듣고 그것에 대해 감탄하는 자신의 느낌을 표현하고 싶습니다. 어떻게 말할까요?

A: 저는 산이나 바다로 가서 사진 찍는 것을 좋아해요.
B: _____.

(1) 좋은 취미를 가졌군요   (2) 저도 좋아해요

상대방 의견에 동의하기

상대방이 말한 것에 대해서 자신도 그렇게 생각한다고 말하고 싶을 때 어떻게 말합니까?

A: 외국어를 배우는 것은 어렵지요.
B: _____.

(1) 좋습니다   (2) 물론입니다

대화 (Sample Dialogs)

Ⅰ. 다음을 읽고 답하십시오.

> 마이클: 제임스 씨는 취미가 뭐예요?
> 제임스: 제 취미는 그림 _____ 예요. 마이클 씨는 취미가 뭐예요?
> 마이클: 저는 사진 찍는 것을 좋아해요.
> 제임스: 좋은 취미를 가졌군요. 그런데 언제부터 사진을 찍었어요?
> 마이클: 고등 학교 때부터 찍기 시작했어요. 학교 선배한테서 처음 배웠어요.
> 제임스: 주로 어디에서 사진을 찍어요?
> 마이클: 저는 경치 찍는 것을 좋아해요. 그래서 산이나 바다로 여행을 많이 가요.
> 제임스: 그렇군요. 저도 자주 그림을 그리러 여행을 가요. 이번 주말에는 부산에 가려고 해요.
> 마이클: 그래요? 저도 지난 주말에 부산에 가려고 했어요. 그런데 비가 와서 못 갔어요. 이번 주말에 같이 갈까요?
> 제임스: 좋아요. 바닷가에서 수영도 하고 사진도 찍고 그림도 그립시다.
> 마이클: 네, 그럽시다.

1. 마이클은 고등 학교 때 학교 선생님한테서 처음 사진찍는 것을 배웠다.

   네_____ 아니요_____

2. 제임스와 마이클은 부산에 가려고 한다.

   네_____ 아니요_____

3. 마이클의 취미는 _____ 이다.

4. _____에 맞는 말은 무엇입니까?

Ⅱ. 다음 글을 읽고 답하십시오.

> 크리스: 은주 씨, 주말에 보통 뭐 합니까?
> 은주: 저는 영화 보는 것을 좋아해요. 그래서 주말에는 보통 영화를 봐요.
> 크리스: 어떤 영화를 좋아해요?
> 은주: '007' 같은 첩보 영화나 '드라큘라' 같은 _____를 좋아해요.
> 크리스: 저도 첩보 영화를 좋아합니다. 그렇지만 _____는 좋아하지 않아요.
> 은주: 왜요?
> 크리스: _____를 보면 기분이 나빠요. 그리고 밤에 무서운 꿈을 꿉니다.
> 은주: 그래요? 저는 _____를 보면 피로가 확 풀려요.
> 크리스: 아니, 어떻게 피로가 풀려요?
> 은주: 영화를 보면서 소리를 지르거든요.

1. 은주는 주말마다 언제나 영화를 본다.

   네_____ 아니오_____

2. _____에 맞는 말은 무엇입니까?

   (1) 서부 영화   (2) 애정 영화   (3) 공포 영화

Ⅲ. 다음 글을 읽고 답하십시오.

> 케빈: 태호 씨, 무슨 클럽이 마음에 듭니까?
> 태호: 글쎄요, 케빈 씨는 무엇을 하고 싶습니까?
> 케빈: 저는 골프치는 것을 좋아합니다. 그런데 여기에는 골프 클럽이 없군요.
> 태호: 볼링이나 테니스 클럽은 어떻습니까? 두 클럽은 우리 회사에서 아주 인기 있는 클럽입니다.
> 케빈: 그렇습니까? 왜 인기가 있습니까?
> 태호: 두 클럽은 회원이 많습니다. 그리고 일 년에 두 번 경기를 합니다. 우승자에게는 큰 선물도 줍니다.
> 케빈: 그래요? _____ 태호 씨도 볼링이나 테니스 클럽에 가입할 겁니까?
> 태호: 아니요. 저는 2년 동안 볼링 클럽 회원이었습니다. 이번에는 스쿠버 다이빙을 배우려고 합니다. 케빈 씨도 같이 배웁시다.
> 케빈: 스쿠버 다이빙은 위험하지 않습니까?
> 태호: 아니요, 위험하지 않습니다. 그 클럽에는 전문 강사가 많이 있습니다. 그래서 잘 배울 수 있습니다.
> 케빈: 그래요? _____ 스쿠버 다이빙 클럽에 같이 가입합시다.

1. 케빈은 스쿠버 다이빙 클럽에 아직 들지 않았다.

   네_____ 아니오_____

2. 케빈과 태호는 무엇을 배울 겁니까?

   (1) 볼링   (2) 테니스   (3) 스쿠버 다이빙

3. _____에 맞는 말은 무엇입니까?

   (1) 그러니까   (2) 그러면   (3) 그런데

제 1 과　　　　　　　　　　　　　　　　　소 개

문법 및 구조 (Grammar Focus)

◆ 수 (數, number) I ◆

2. 팔구육에 일오삼사　　3. 공일이에 일오일에 칠삼육팔　　4. 공일일에 이일사에 팔공구일
5. 서울 삼소 오공육팔　　6. 팔

◆ 수와 단위를 나타내는 의존명사 I ◆

1. 두 명　2. 네 마리　3. 세 마리　4. 다섯 개　6. 사진이　7. 우표가

◆ 의문대명사 (疑問代名詞, wh-questions) I ◆

Ⅰ. 2. ①　　3. ②　　4. ⑤　　5. ③

Ⅱ. 2. 언제　3. 무엇　4. 무슨　5. 어느　6. 왜

Ⅲ.

이름	나라	전화 번호	직업	사는 곳
제니퍼 윌슨	미국	352-6674	학생	① 신촌
② 다나카 하나코	일본	③ 797-9582	④ 회사원	동부이촌동
다니엘 베렝	⑤ 프랑스	(032)542-7305	⑥ 대사관 직원	인천 부평동
⑦ 엔리코 보세티	이탈리아	3431-7305	⑧ 교수	잠실

◆ 'NOUN+이다'의 현재형 (present of be) ◆

Ⅰ. 1. 호주, 호주 사람입니다　2. 마크 베렝입니다, 프랑스 사람입니다　3. 김민수입니다, 한국 사람입니다

Ⅱ. 2. 책상입니다　　3. 책입니다　　4. 편지가 아닙니다　　5. 전화입니까　　6. 공책이 아닙니다

◆ 명령문 (命令文, imperatives) I ◆

2. ④　　3. ②　　4. ⑧　　5. ⑥

어휘 (Vocabulary Focus)

취미

Ⅰ. 2. 축구하기   3. 그림 그리기

Ⅱ. 2. 다닙니다   3. 보기

국명 국적 언어

Ⅲ. 나라: 호주, 독일, 헝가리
사람: 미국 사람, 한국 사람, 이탈리아 사람, 스페인 사람, 사우디아라비아 사람, 영국 사람
언어: 스페인어, 포르투갈어, 중국어, 일본어, 영어, 러시아어, 스웨덴어, 불어, 아랍어, 타칼로그어

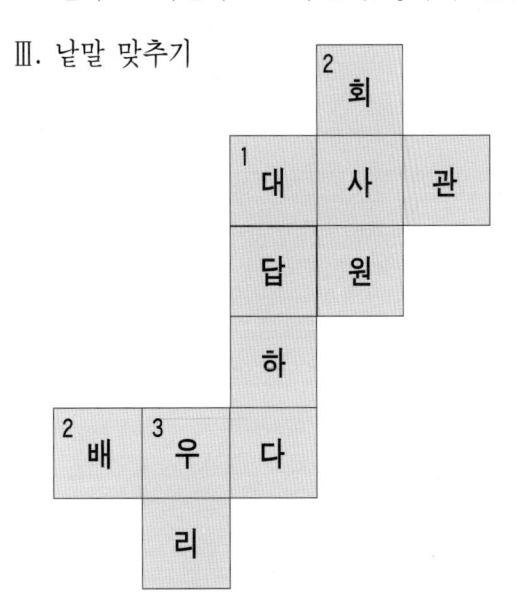

Ⅲ. 낱말 맞추기

		²회	
¹대	사	관	
	답	원	
	하		
²배	³우	다	
	리		

상황 표현 (Function Focus)

인사 나누기

1. (2)   2. (1)

대화 (Sample Dialogs)

Ⅰ. 1. 네   2. 아니요   3. (1)

Ⅱ. 1. (1)   2. 네   3. 그림 그리기

Ⅲ. 1. 아니요   2. 네   3. (1)

Ⅳ. 1. 아니요   2. (3)

제 2 과 　　　　　　　　　　　　　　　　　　　　　　　　하루 일과

문법 및 구조 (Grammar Focus)

◆ 수 (數, number) II ◆

1. 날짜

I. 2. 천구백 구십구년 시월 십일　　3. 이천일년 십이월 이십일일　　4. 천구백 구십칠년 유월 십육일

II. 2. 몇 월　　3. 며칠　　4. 무슨 요일

2. 시간

I. 1. 아홉 시 반입니다　　2. 네 시 사십오 분입니다　　3. 열한 시입니다

II. 1. 열한 시 오십삼 분에 도착합니다　　2. 여덟 시 삼십팔 분에 도착합니다

III. 1. 네 시 오십 분에 시작합니다　　2. 여덟 시 삼십 분입니다

◆ 현재 시제 (現在時制, present) I : -(스)ㅂ니다/-(스)ㅂ니까? ◆

연습

기본형	어간	평서문	의문문
보다	보	봅니다	봅니까?
식사하다	식사하	식사합니다	식사합니까?
입다	입	입습니다	입습니까?
묻다	묻	묻습니다	묻습니까?
줍다	줍	줍습니다	줍습니까?
팔다	팔	팝니다	팝니까?

2. 텔레비전을 봅니다　　3. 잡니다　　4. 책을 읽습니다

◆ 시간의 부사격 조사: -에 ◆

9일, 도서관에, 목요일에, 영화관에

◆ 보조사 (補助詞, auxiliary): -부터 -까지 ◆

7시 15분에, 회사에, 부터, 까지, 저녁, 집에, 부터, 까지, 밤, 에, 에

어휘 (Vocabulary Focus)

우체국에서

Ⅰ. 2. 봉투   3. 소포   4. 배편

Ⅱ. 2. 근무   3. 목욕합니다   4. 시간   5. 짜리

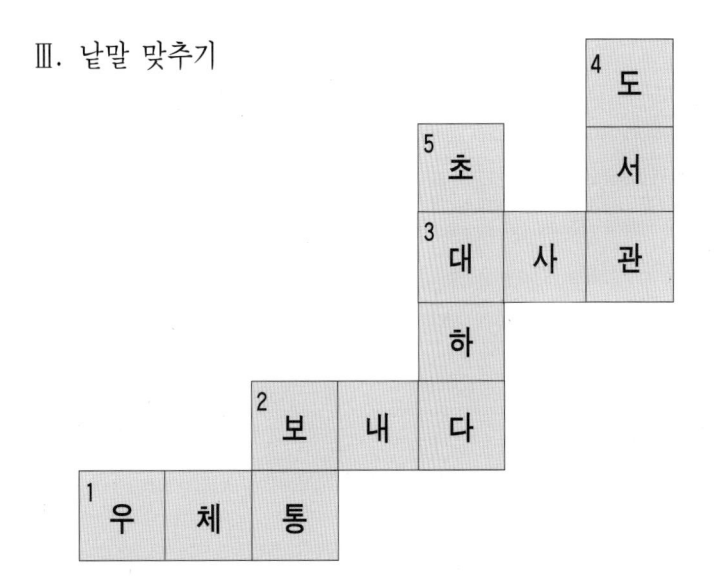

Ⅲ. 낱말 맞추기

		5 초		4 도
		3 대	사	관
		하		
	2 보	내	다	
1 우	체	통		

상황 표현 (Function Focus)

전화하기
(1)

인사하기
(1)

대화 (Sample Dialogs)

Ⅰ. 1. 처음 뵙겠습니다   2. 아니요   3. 네   4. 대사관

Ⅱ. 1. (2)   2. 네   3. 저녁 식사, 금, 저녁 6

Ⅲ. 1. 마이클 로렌스가 이수진에게 보냈습니다.   2. 10월 10일에 썼습니다.

Ⅳ. 1. 아니요   2. (2)

Ⅴ. 1. 우표 여섯 장과 공중 전화 카드 한 장을 샀습니다.   2. 6,200원을 내야 합니다.

제 3 과　　　　　　　　　　　　　　　　　　　　　집

문법 및 구조 (Grammar Focus)

◆ 처소의 부사격 조사: -에 ◆

Ⅰ. 2. 안에　　3. 앞에　　4. 밑에　　5. 위에　　6. 옆에　　7. 뒤에

Ⅱ.

Ⅲ. 2. 회사 사이　　　3. 건너편(맞은편)

Ⅳ. 1. 사이　　2. 있습니까　　3. 없습니다, 건너편　　4. 왼쪽

◆ 방향의 부사격 조사: -(으)로 ◆

1. 에　　2. 에　　3. 에　　4. 으로　　5. 으로

어휘 (Vocabulary Focus)

장소

Ⅰ. 2. 극장(영화관)　　3. 백화점　　4. 주유소　　5. 약국　　6. 교회　　7. 병원

가구

Ⅱ. 2. 책장　　3. 옷걸이　　4. 책상　　5. 의자　　6. 탁자

집안의 명칭

Ⅲ. 2. 화장실　　3. 차고　　4. 거실　　5. 세탁실

Ⅳ. 2. (3)　　3. (4)　　4. (4)　　5. (2)

Ⅴ. 낱말 맞추기

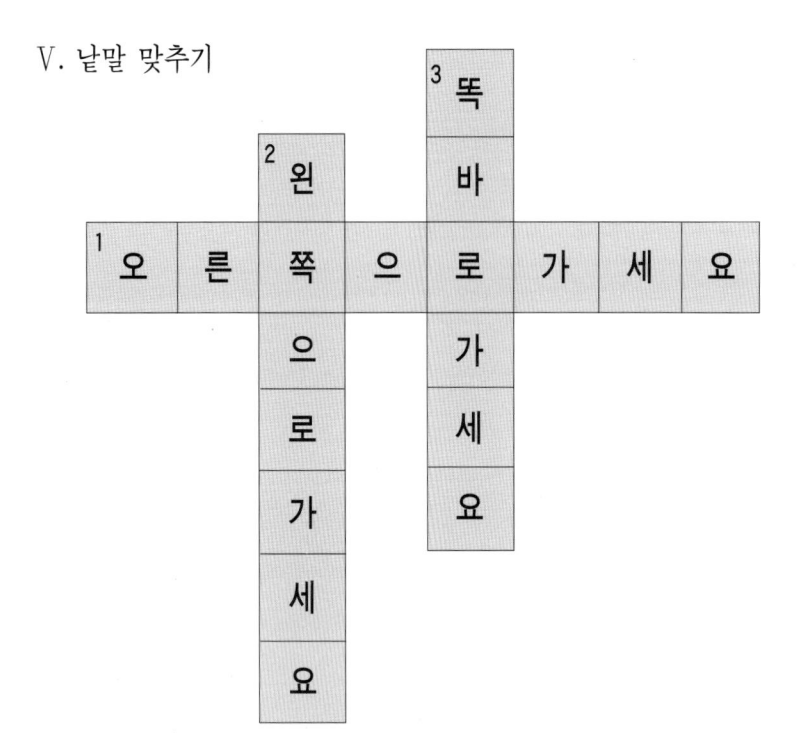

		² 왼		³ 똑			
¹ 오	른	쪽	으	로	가	세	요
		으		가			
		로		세			
		가		요			
		세					
		요					

상황 표현 (Function Focus)

모르는 사람에게 길 묻기

(2)

감사 표현하기

1. (1)   2. (2)

대화 (Sample Dialogs)

Ⅰ. 1. ③

Ⅱ. 1. (2)   2. 아니오   3. 네

Ⅲ. (1)

제 4 과　　　　　　　　　　　　　　　　　　　　가족

문법 및 구조 (Grammar Focus)

◆ 소유격 조사: -의 ◆
◆ 지시대명사 ◆

I. 2. 이, 그, 제　　3. 저것, 저것, 것　　4. 그것, 이, 의

II. 1.

이름	사는 곳	직업
김현오	주택	치과 의사
이수진	아파트	간호사

2. (2) 고양이는 이수진의 것입니다.　(3) 자전거는 김현오의 것입니다.
   (4) 카메라는 이수진의 것입니다.　(5) 붓은 김현오의 것입니다.
   (6) CD는 이수진의 것입니다.

◆ 수 (數, number) III ◆

언니, 일흔아홉, 외할머니, 교수, 서른, 오빠, 언니, 스물두, 학생, 열일곱

◆ 의문대명사 (疑問代名詞, wh-questions) II ◆

I. 1. 누가　　2. 누구의　　3. 누구

II. 몇, 몇, 언제, 어디, 무슨

어휘 (Vocabulary Focus)

직업

I. 2. 요리사　　3. 종업원　　4. 축구 선수　　5. 간호사

II. 2. 의사　　3. 화가　　4. 은행원

가족 관계

III. 장녀, 외아들, 막내

Ⅳ. 낱말 맞추기

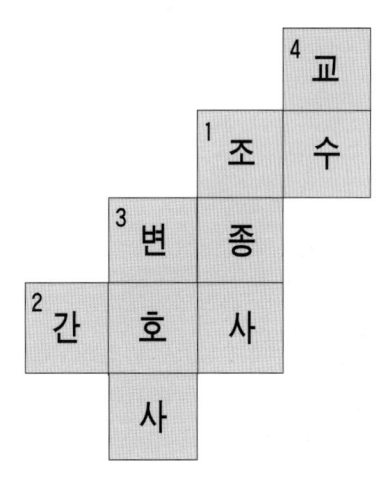

			⁴교
		¹조	수
	³변	종	
²간	호	사	
	사		

상황 표현 (Function Focus)

물건의 주인 찾기

(1)

가족 소개하기: 나이 묻기

(2)

대화 (Sample Dialogs)

Ⅰ. 1. ①   2. (3)   3. (1)

Ⅱ. 1. 네   2. 네   3. (2)

Ⅲ. 1. 네   2. 아니요   3. 네   4. 아니요

제 5 과 주말

문법 및 구조 (Grammar Focus)

◆ 부사 (副詞, adverb): 보통, 가끔 ◆

1. 보통, 가끔, 보통
2. 보통, 가끔

◆ 현재 시제 (現在時制, present) II ◆

니콜	마사코	사라
주말에 보통 음악을 듣습니다. 주말에 보통 친구를 만납니다. 주말에 보통 사진을 찍습니다.	주말에 보통 세탁을 합니다. 주말에 보통 청소를 합니다. 주말에 보통 편지를 씁니다.	주말에 보통 운동을 합니다. 주말에 보통 등산을 갑니다. 주말에 보통 쇼핑을 합니다.

◆ 부정 (否定, Negative)형 I: 안+V ◆

연습

기본형	부정	기본형	부정
가다	안 가다	전화하다	전화 안 하다
마시다	안 마시다	일하다	일 안 하다
먹다	안 먹다	수영하다	수영 안 하다
만들다	안 만들다	운동하다	운동 안 하다

2. 안 좋아합니다 3. 술을 안 마십니다 4. 안 갑니다 5. 요리 안 합니다

◆ 비격식체: -어/아요 ◆

연습

기본형	-어/아요	기본형	-어/아요
자다	자요	듣다	들어요
오다	와요	걷다	걸어요
주다	주어요/줘요	마시다	마셔요
입다	입어요	기다리다	기다려요
앉다	앉아요	줍다	주워요
숙제하다	숙제해요	덥다	더워요
운동하다	운동해요	있다	있어요
살다	살아요	없다	없어요
모르다	몰라요		

가요, 뭐예요, 예요, 다녀요, 봐요, 쳐요, 놀러 가요, 와요, 기다려요, 피곤해요, 싶어요

어휘 (Vocabulary Focus)

Ⅰ. 2. 외식   3. 여행   4. 성명   5. 집

Ⅱ. 낱말 맞추기

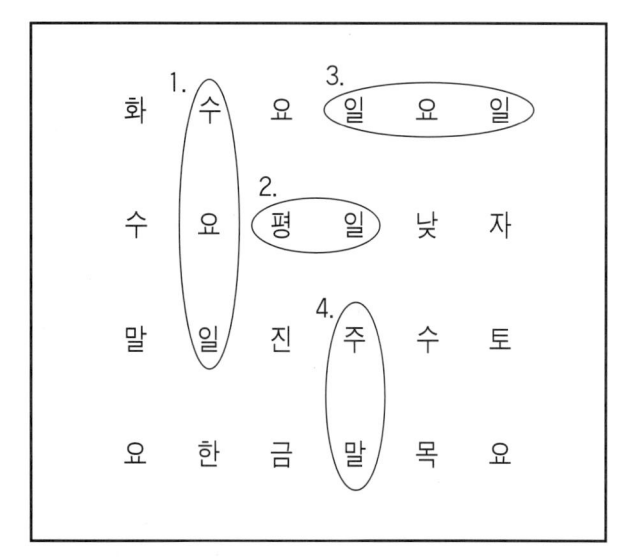

화	수	요	일	요	일
수	요	평	일	낮	자
말	일	진	주	수	토
요	한	금	말	목	요

(1. 수요일, 2. 평일, 3. 일요일, 4. 주말)

상황 표현 (Function Focus)

제안하기

(1)

약속하기: 장소 묻기

(2)

대화 (Sample Dialogs)

Ⅰ. 1. 네   2. 아니요   3. (2)

Ⅱ. 남자, 안 잡니다, 친구, 봅니다, 안 갑니다, 안 쉽니다, 외식

Ⅲ. 1. 네   2. 아니요   3. 네   4. 네   5. 아니요

제 6 과 여행

문법 및 구조 (Grammar Focus)

처소의 부사격 조사: -에서

I. 2. 우체국에서 편지를 보냅니다   3. 도서관에서 책을 빌립니다
   4. 서점에서 책을 삽니다   5. 놀이동산에서 놀이기구를 탑니다

II. 에서, 에, 에서, 에서   2. 에, 에서, 에서   3. 에서   4. 에

부사 (副詞, adverb)와 시제 (時制, tense)

지난, 다음, 모레, 내일, 다음, 내일, 이번, 다음

과거 시제 (過去時制, past tense)

연습

기본형	-어/아요	과거	
		-었/았어요	-었/았습니다
보다	봐요	봤어요 / 보았어요	봤습니다 / 보았습니다
기다리다	기다려요	기다렸어요	기다렸습니다
공부하다	공부해요	공부했어요	공부했습니다
전화하다	전화해요	전화했어요	전화했습니다
먹다	먹어요	먹었어요	먹었습니다
읽다	읽어요	읽었어요	읽었습니다
듣다	들어요	들었어요	들었습니다
묻다	물어요	물었어요	물었습니다
팔다	팔아요	팔았어요	팔았습니다
살다	살아요	살았어요	살았습니다
있다	있어요	있었어요	있었습니다
없다	없어요	없었어요	없었습니다
이다	예요	였어요	였습니다
	이에요	이었어요	이었습니다

Ⅰ. 2. 폴리네시안 민속촌에 갔습니다. 폴리네시안 민속촌에서 훌라춤을 봤습니다
   3. 제주도에서 사진을 찍었습니다. 그리고 그림도 그렸습니다

Ⅱ. 탔습니다, 먹었습니다, 마셨습니다, 찍었습니다

◆ N+때 ◆

2. 16살 때
3. 고등 학교 때(18살 때)
4. 대학원생 때

◆ N+전에/후에 ◆

년, 월, 일
2. 두 달 전에, 이 개월 전에, 이 주일 전에, 두 시간 전에, 이 분 전에
3. 삼 년 전에, 삼 개월 전에, 사흘 전에, 세 시간 전에
4. 사 년 전에, 나흘 전에, 사 주일 전에, 네 시간 전에, 사 분 전에

Ⅰ. 1. 전에   2. 후에   3. 전에   4. 후에   5. 전에, 후에
Ⅱ. 조깅, 샤워, 식사합니다, 출근

◆ V + -기 전에
V + -(으)ㄴ 후에/다음에 ◆

연습

기본형	-기 전에	-(으)ㄴ 후에 / 다음에
시작하다	시작하기 전에	시작한 후에
이사가다	이사하기 전에	이사한 후에
닦다	닦기 전에	닦은 후에
읽다	읽기 전에	읽은 후에
듣다	듣기 전에	들은 후에
걷다	걷기 전에	걸은 후에
만들다	만들기 전에	만든 후에
열다	열기 전에	연 후에
줍다	줍기 전에	주운 후에
돕다	돕기 전에	도운 후에

찾은 후에, 가기 전에, 수업을 한 후에, 컨 후에, 끝난 후에

어휘 (Vocabulary Focus)

관광지에서

Ⅰ. 2. 국제 공항   3. 수상 시장

전공

Ⅱ. 2. 경영학   3. 의학   4. 법학   5. 철학

Ⅲ. 낱말 맞추기

			¹부	탁	하	다
		⁵이		모		
		²사	장	님		
		를				
⁶도			³가	위		
⁴시	작	하	다			

상황 표현 (Function Focus)

첫인사 나누기

(1)

정보 얻기: 일의 목적이나 이유 묻기

(2)

대화 (Sample Dialogs)

Ⅰ. 1. 네   2. 경제학   3. 한국에서 일하고 싶어서 왔습니다

Ⅱ. 1. 아니오   2. 수상 스키   3. 8월 13일에 돌아왔습니다.   4. 오랜만입니다.

Ⅲ. 1. 네   2. 아니오   3. 네

제 7 과　　　　　　　　　　　　　　　　　교통

문법 및 구조 (Grammar Focus)

◆ **수단의 부사격 조사: -(으)로** ◆

◆ **보조사: -에서(부터) -까지** ◆

Ⅰ. 까지, 에서, 비행기로, 에서, 까지, 택시로

Ⅱ. 에, 부터, 까지, 에서, 에서, 에, 에, 에, 에, 로

Ⅲ. 2호선, 까지, 갈아타세요, 을지로 입구

◆ **부정 (否定, negative)형 Ⅱ : -지 않다** ◆

연습

기본형	어간	-지 않다
기다리다	기다리	기다리지 않다
읽다	읽	읽지 않다
듣다	듣	듣지 않다
열다	열	열지 않다
줍다	줍	줍지 않다

2. 배우지 않습니다　　3. 놓지 않을 겁니다　　4. 진료하지 않습니다
5. 만들지 않았습니다　　6. 열지 않습니다

◆ **아직+부정 (否定, negative)** ◆

2. 보내지 않았습니다　　3. 사지 않았습니다　　4. 오지 않았습니다
5. 먹지 않았어요

◆ 미래 시제 (未來時制, future tense) ◆

연습

기본형	-(스)ㅂ니다	-(으)ㄹ 겁니다
꺼내다	꺼냅니다	꺼낼 겁니다
만나다	만납니다	만날 겁니다
운동하다	운동합니다	운동할 겁니다
숙제하다	숙제합니다	숙제할 겁니다
읽다	읽습니다	읽을 겁니다
앉다	앉습니다	앉을 겁니다
묻다	묻습니다	물을 겁니다
걷다	걷습니다	걸을 겁니다
팔다	팝니다	팔 겁니다
만들다	만듭니다	만들 겁니다
줍다	줍습니다	주울 겁니다
돕다	돕습니다	도울 겁니다

Ⅰ. 만날 거예요, 쇼핑하지 않을 거예요, 갈 거예요, 수영할 거예요

Ⅱ. 취직했습니다, 바쁩니다, 배웁니다, 결혼할 겁니다, 그만둘 겁니다, 시작할 겁니다, 여행할 겁니다

어휘 (Vocabulary Focus)

지하철역 표지

Ⅰ. 2. 금연   3. 물품 보관소   4. 계단   5. 출입 금지

교통 수단

2. 기차   3. 비행기   4. 배

Ⅲ. 낱말 맞추기

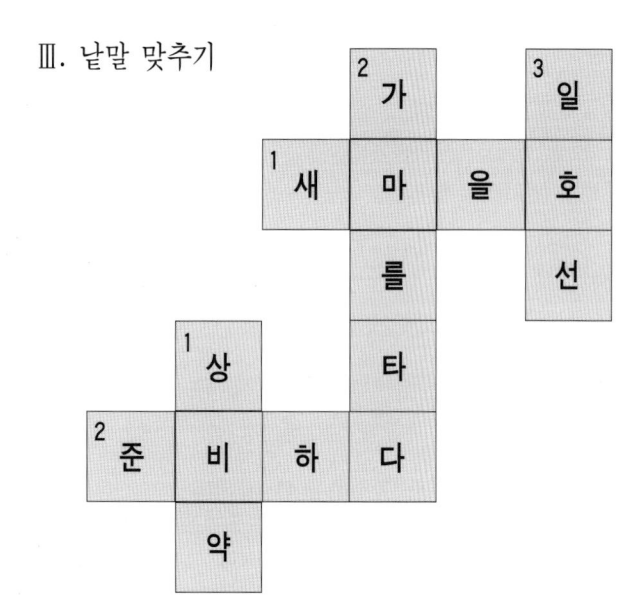

		²가		³일
	¹새	마	을	호
		를		선
	¹상	타		
²준	비	하	다	
	약			

상황 표현 (Function Focus)

정보 얻기: 소요 시간

(2)

정보 얻기: 이름

(1)

인사하기

(2)

대화 (Sample Dialogs)

Ⅰ. 1. 시청역에서 갈아탑니다. 2. 버스로 갑니다. 3. 8시 40분에 출발해야 합니다. 4. (1)

Ⅱ. 1. 아니요 2. 오후 2시 45분에 도착합니다. 3. 2월 1일, 10시 30분, 새마을호, 편도

Ⅲ. 1. 파리에서 갈아타야 합니다. 2. 아니요 3. 아니요

제 8 과   쇼핑 1

문법 및 구조 (Grammar Focus)

◆ 단위 의존명사 II ◆

1. 한 마리　　2. 다섯 개　　3. 네 장, 세 권

◆ 수 (數, number) IV ◆

I. 1. 십 사만 원　　2. 삼천 팔백만 원　　3. 이백 이십 육만 팔천 원, 백 구십 칠만 육천 원

II. 1. 이태원　　2. 십만 원　　3. 가방과 구두, 육만 이천 원　　4. 삼만 팔천 원

◆ 열거격 조사: N+와/과+N, N+하고+N ◆

2. 수박하고 포도하고 사과 (수박과 포도와 사과)　　3. 책하고 신문 (책과 신문)
5. 하고 (와)　　6. 같이 (함께)

◆ 여격 조사: -에게(한테), -에 ◆

I. 2. 학생에게 영어를 가르칩니다　　3. 책상에 서류를 던지셨어요
　4. 화분에 물을 주세요, 강아지에게 밥과 물을 주세요

II. 에서, 하고(과), 에, 에, 에게(한테), 하고(과), 에게(한테), 에

◆ 희망의 보조형용사: -고 싶다 ◆

연습

기본형	-고 싶다	-고 싶지 않다
만나다	만나고 싶다	만나고 싶지 않다
읽다	읽고 싶다	읽고 싶지 않다
걷다	걷고 싶다	걷고 싶지 않다
팔다	팔고 싶다	팔고 싶지 않다
줍다	줍고 싶다	줍고 싶지 않다

1. 공부하고 싶지 않아요, 취직하고 싶어요
2. 먹고 싶지 않아요
3. 수영하고 싶어요, 쉬고 싶어요
4. 세계 여행을 하고 싶어요, 사고 싶어요, 돌아가고 싶어요

◆ 높임말 ◆

연세, 태어나셨습니다, 고생하셨습니다, 일어나시, 주무십니다, 청소하십니다, 께서는, 이셨습니다, 께서는, 계십니다, 께, 드렸습니다, 께서, 말씀하셨습니다

어휘 (Vocabulary Focus)

친족

Ⅰ. 2. 삼촌   3. 큰어머니

Ⅱ. 2. 사진   3. 만년필   4. 액세서리   5. 환갑

Ⅲ. 낱말 맞추기

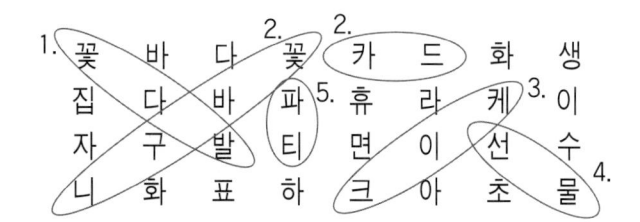

1.꽃	바	다	2.꽃	2.카	드	화	생
집	다	바	파	5.휴	라	케	3.이
자	구	발	티	면	이	선	수
니	화	표	하	크	아	초	4.물

상황 표현 (Function Focus)

용건 묻기

(2)

가격 흥정하기

(2)

추천하기

(1)

대화 (Sample Dialogs)

Ⅰ. 1. (3)   2. 네   3. 아니오   4. 수박철이 아니라서 비쌉니다.

Ⅱ. 1. (2)   2. 아니오   3. 네   4. 네

Ⅲ. 1. 아니오   2. 옷, 반지   3. ①생신 ②드렸어요 ③좋아하셨어요

Ⅳ. 1. 아니오   2. 아니오   3. 이십이만 원짜리를 샀습니다.   4. (2)

제 9 과 능력

문법 및 구조 (Grammar Focus)

◆ 능력·가능의 보조동사: -(으)ㄹ 수 있다/없다 ◆

연습

기본형	-(으)ㄹ 수 있다	-(으)ㄹ 수 없다
만나다	만날 수 있다	만날 수 없다
수리하다	수리할 수 있다	수리할 수 없다
먹다	먹을 수 있다	먹을 수 없다
닫다	닫을 수 있다	닫을 수 없다
*듣다	들을 수 있다	들을 수 없다
*묻다	물을 수 있다	물을 수 없다
만들다	만들 수 있다	만들 수 없다
팔다	팔 수 있다	팔 수 없다
*줍다	주울 수 있다	주울 수 없다
*돕다	도울 수 있다	도울 수 없다

Ⅰ. 1. 갈 수 없어요   2. 만날 수 있어요   3. 할 수 없어요, 할 수 있어요   4. 볼 수 없었어요
   5. 빌릴 수 있어요

Ⅱ. 2. 전혀 못 쳐요   3. 잘 해요   4. 보통이에요

◆ 접속부사: 그리고, 그렇지만 ◆
◆ 보조사: -은/는, -도, -만 ◆

Ⅰ. 1. 야구는 할 수 없습니다   2. 테니스를 칠 수 없습니다, 야구도 할 수 없습니다,
   스키는 탈 수 있습니다   3. 그렇지만   4. 그리고   5. 만

Ⅱ. 2. 만   3. 그리고, 도, 도, 는   4. 그리고, 도, 도, 그렇지만, 은   5. 도, 도, 그렇지만, 은

◆ 접속부사: 그래서 ◆

2. 데이트할 수 없습니다   3. 여행 갈 수 없습니다   4. 노래할 수 없었습니다

어휘 (Vocabulary Focus)

Ⅰ. 2. ①　3. ③　4. ②　5. ①　6. ②

Ⅱ. 2. 정보　3. 번호　4. 외국어　5. 인기

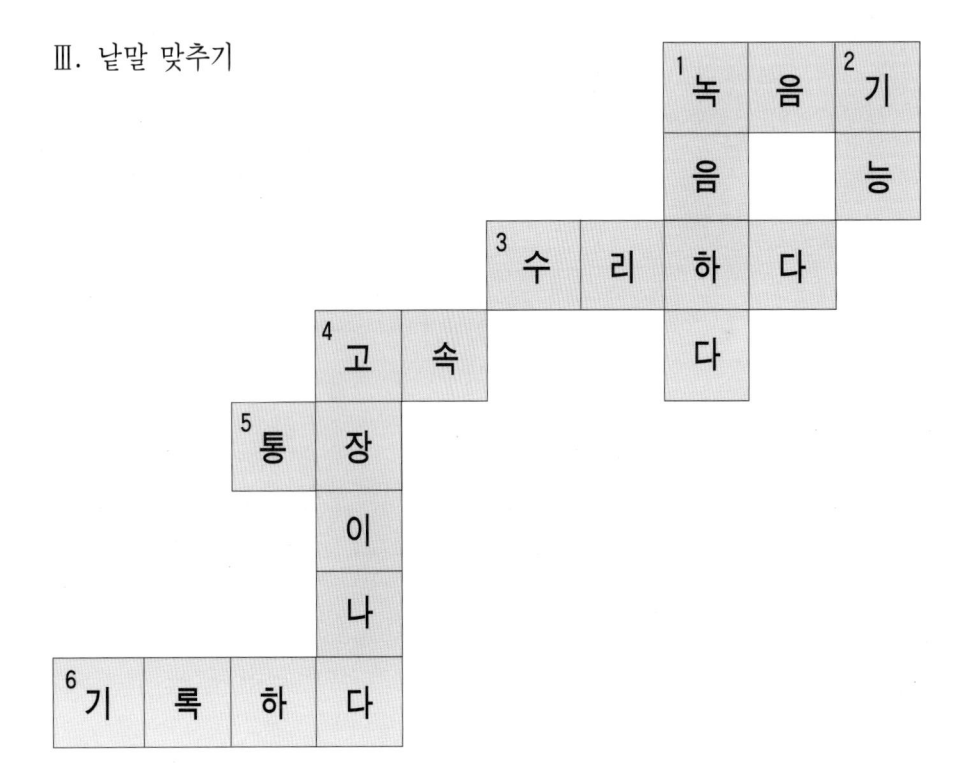

Ⅲ. 낱말 맞추기

			¹녹	음	²기
				음	능
		³수	리	하	다
	⁴고	속		다	
⁵통	장				
	이				
	나				
⁶기	록	하	다		

상황 표현 (Function Focus)

인사하기
(2)

사과하기
1. (1)　2. (1)

대화 (Sample Dialogs)

Ⅰ. 1. 아니오　2. 시계, 볼펜　3. 네

Ⅱ. 1. (2)　2. 아니오　3. 네

Ⅲ. 1. 회사일 때문에 갔습니다.　2. 다른 사람의 차　3. (3)　4. (2)

제 10 과   쇼핑 2

문법 및 구조 (Grammar Focus)

◆ 명령문 II ◆

연습

기본형	-(으)세요/십시오		-지 마세요/마십시오	
내다	내세요	내십시오	내지 마세요	내지 마십시오
지키다	지키세요	지키십시오	지키지 마세요	지키지 마십시오
주문하다	주문하세요	주문하십시오	주문하지 마세요	주문하지 마십시오
넣다	넣으세요	넣으십시오	넣지 마세요	넣지 마십시오
꽂다	꽂으세요	꽂으십시오	꽂지 마세요	꽂지 마십시오
*묻다	물으세요	물으십시오	묻지 마세요	묻지 마십시오
*걷다	걸으세요	걸으십시오	걷지 마세요	걷지 마십시오
만들다	만드세요	만드십시오	만들지 마세요	만들지 마십시오
팔다	파세요	파십시오	팔지 마세요	팔지 마십시오
*돕다	도우세요	도우십시오	돕지 마세요	돕지 마십시오
*줍다	주우세요	주우십시오	줍지 마세요	줍지 마십시오
*계시다	계세요	계십시오	계시지 마세요	계시지 마십시오

I. 2. 담배 피우지 마십시오.   3. 사진 찍지 마십시오.   4. 들어오지 마십시오.

II. 2. ⑥   3. ①   4. ③   5. ②   6. ⑤

◆ 서수 ◆

I. 1. 막차(마지막 차)   2. 오전 9시 50분에 도착합니다.   3. 오후 3시 20분에 도착합니다.

II. 1. 8   2. 14   3. 19

◆ -(으)면 안 되다 ◆

2. 먹으면 안 됩니다   3. 마시면 안 됩니다   4. 손세탁하면 안 됩니다   5. 담배를 피우면 안 됩니다

어휘 (Vocabulary Focus)

전자 제품

Ⅰ. 2. 전자레인지   3. 청소기   4. 선풍기   5. 세탁기   6. 전기밥솥

교통 표지판

Ⅱ. 2. ④   3. ①   4. ②

교통 표지판

Ⅲ. 2. 신호등   3. 삼거리

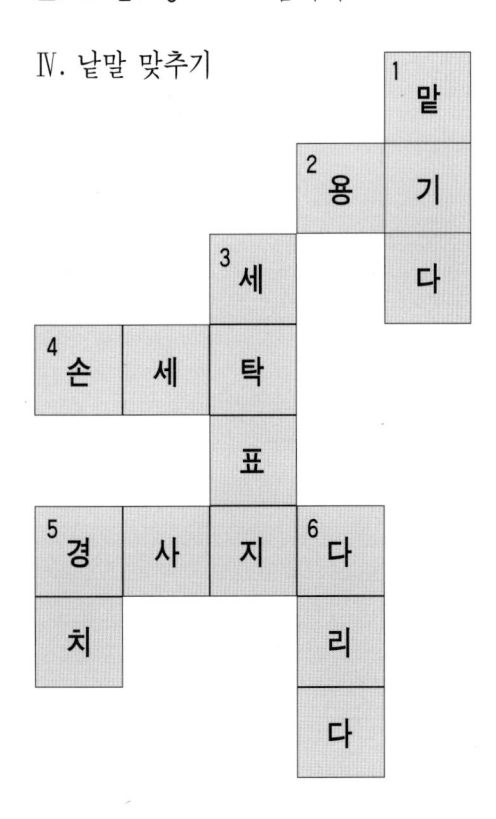

Ⅳ. 낱말 맞추기

		¹맡	
	²용	기	
	³세	다	
⁴손	세	탁	
		표	
⁵경	사	지	⁶다
치			리
			다

상황 표현 (Function Focus)

사과하기

(2)

쇼핑하기

(1)

부탁하기

(1)

대화 (Sample Dialogs)

Ⅰ. 1. 아니요   2. 네   3. 네   4. 서대문구 연희동 145번지에 삽니다.   5. (1)

Ⅱ. 1. 네   2. 아니요

Ⅲ. 1. 아니요   2. 콘센트에는 다른 가전 제품을 많이 꽂지 마십시오

Ⅳ. 1. (3)   2. 건너편(맞은편)

제 11 과   전화와 생활

문법 및 구조 (Grammar Focus)

◆ 전화 표현 ◆
2. ③ 3. ① 4. ②, ④ 5. ⑥ 6. ⑤ 7. ⑨ 8. ⑧

◆ 확인의문문: -지요? ◆
2. 비싸지요   3. 노래를 잘하지요   4. 약속했지요, 3시지요   5. 파티지요   6. 향수를 뿌렸지요
7. 미국에 갈 거지요

◆ -을/를 위해서
봉사의 보조동사: -어/아 주다 ◆
2. 빠른 회복을 위해서   3. 고아들을 위해서   4. 미국 친구를 위해서   5. 환경 보호를 위해서
6. 사 줍시다   7. 놀아 주면

◆ 요청문: -어/아 주시겠습니까? ◆

연습

기본형	-어/아 주시겠어요?	-어/아 주시겠습니까?
운반하다	운반해 주시겠어요?	운반해 주시겠습니까?
고치다	고쳐 주시겠어요?	고쳐 주시겠습니까?
들다	들어 주시겠어요?	들어 주시겠습니까?
놓다	놓아 주시겠어요?	놓아 주시겠습니까?
듣다	들어 주시겠어요?	들어 주시겠습니까?
열다	열어 주시겠어요?	열어 주시겠습니까?
만들다	만들어 주시겠어요?	만들어 주시겠습니까?
돕다	도와 주시겠어요?	도와 주시겠습니까?
줍다	주워 주시겠어요?	주워 주시겠습니까?

Ⅰ. 2. ② 3. ① 4. ③

Ⅱ. 2. 팩스로 보내 주시겠습니까   3. 시간을 내 주시겠습니까   4. 커피 좀 더 주시겠습니까
    5. 다른 것으로 바꿔 주시겠습니까   6. 6층 좀 눌러 주시겠습니까   7. 잔을 좀 치워 주시겠습니까

◆ **어미의 축약형: -요 (-에요, -에서요, -에게요 ……)** ◆

1. 캐나다에서요   2. 10월에요, 배우러요, 일하고 싶어서요   3. 백화점에요, 사러요, 친구에게요

어휘 (Vocabulary Focus)

전화 번호

Ⅰ. 2. 지역 번호   3. 국제 전화   4. 국가 번호

Ⅱ. 1. 동창회   2. 취소   3. 수화기

Ⅲ. 낱말 맞추기

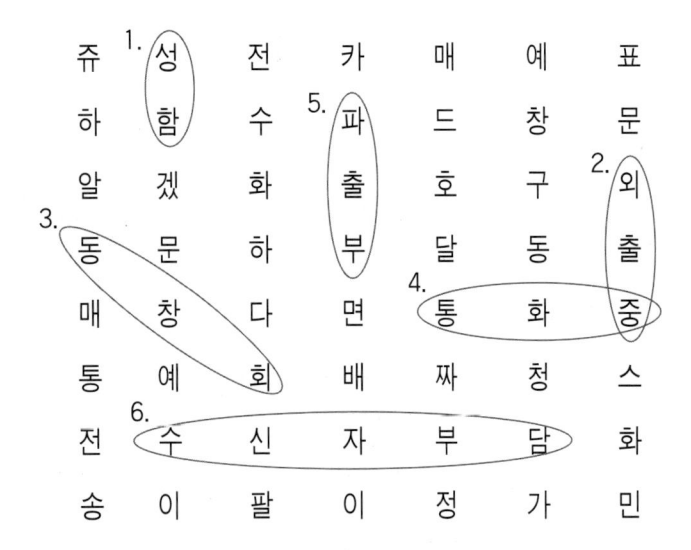

쥬	1.성	전	카	매	예	표
하	함	수	5.파	드	창	문
알	겠	화	출	호	구	2.외
3.동	문	하	부	달	동	출
매	창	다	면	4.통	화	중
통	예	회	배	짜	청	스
전	6.수	신	자	부	담	화
송	이	팔	이	정	가	민

상황 표현 (Function Focus)

전화하기

(1)

정중하게 길 묻기

(1)

대화 (Sample Dialogs)

Ⅰ. 1. 네   2. 네   3. 아니오   4. (1)

Ⅱ. 1. 네   2. 네   3. 아니오   4. (1)

Ⅲ. 1. 아니오   2. (2)   3. (3)

제 12 과　　　　　　　　　　　　　　　　　　　　옷

문법 및 구조 (Grammar Focus)

◆ **형용사의 관형형: -(으)ㄴ/는** ◆

연습

기본형	-(으)ㄴ/는 + 명사
예쁘다	예쁜 얼굴
빠르다	빠른 걸음
높다	높은 산
많다	많은 돈
길다	긴 머리
달다	단 음식
춥다	추운 날씨
두껍다	두꺼운 책
맛있다	맛있는 음식
재미있다	재미있는 영화
맛없다	맛없는 요리
재미없다	재미없는 연극

예쁜, 작은, 답답한, 멋있는, 높은, 아름다운, 맛있는, 날씬한, 뜨거운, 맛있는, 단, 유명한, 똑똑한, 훌륭한, 귀여운, 착한, 뜨거운, 차가운, 시원한, 즐거운, 재미있는

◆ **상태 진행의 보조동사: -고 있다** ◆

Ⅰ. 1. 쓰고 있습니다　2. 끼고 있어요, 차고 있어요　3. 신고 있었어요

Ⅱ. 긴, 입고, 짧은, 매고, 끼고, 쓰고, 높은, 신고

◆ **의문대명사 Ⅳ: 무슨, 어떤** ◆

2. 무슨　3. 무슨　4. 어떤　5. 무슨

어휘 (Vocabulary Focus)

옷과 소품

Ⅰ. 2. ①　3. ②　4. ⑤　5. ③

Ⅱ. 2. 재질　3. 바퀴　4. 브로치

색

Ⅲ. 각자 색을 칠하고 색의 이름을 쓰십시오.

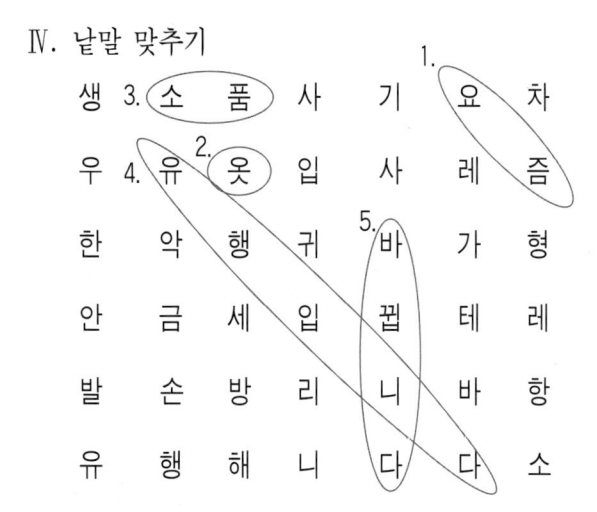

Ⅳ. 낱말 맞추기

생	3.소	품	사	기	1.요	차
우	4.유	2.옷	입	사	레	즈
한	악	행	귀	5.바	가	형
안	금	세	입	꿥	테	레
발	손	방	리	니	바	항
유	행	해	니	다	다	소

상황 표현 (Function Focus)

쇼핑하기

(2)

물건 추천하기

(1)

대화 (Sample Dialogs)

Ⅰ. 1. 아니요　2. (2)
　3. 큰, 뚱뚱한, 초록색, 작다, 짧다, 빨간색, 청바지, 여행 가방

Ⅱ. 1. 아니요　2. (2) 너무 얇다　(3) 유행이 바뀐다

Ⅲ. 1. (2)　2. KE 012편　3. (2)

제 13 과 날씨

문법 및 구조 (Grammar Focus)

◆ 예측의 '-겠-' ◆

연습

기본형	-겠습니다
따뜻하다	따뜻하겠습니다
선선하다	선선하겠습니다
흐리다	흐리겠습니다
안개가 끼다	안개가 끼겠습니다
맑다	맑겠습니다
덥다	덥겠습니다
춥다	춥겠습니다
쌀쌀하다	쌀쌀하겠습니다
태풍이 불다	태풍이 불겠습니다
바람이 불다	바람이 불겠습니다

I. 2. 맑겠습니다, 덥겠습니다
   3. 비가 오겠습니다, 최저, 낮, 되겠습니다
   4. 천둥 번개가 치겠습니다, 25도, 32도

II. 1. 맛있겠어요
   2. 비가 오겠어요
   3. 막히겠어요, 늦겠어요

III. 비가 올 거예요, 에서

IV. 1. 따뜻합니다
   2. 덥습니다, 옵니다, 후텁지근합니다
   3. 선선합니다, 맑습니다
   4. 눈이 옵니다, 춥습니다

◆ 조건의 연결어미: -(으)면 ◆

연습

기본형	-(으)면
배우다	배우면
좋아하다	좋아하면
친절하다	친절하면
읽다	읽으면
먹다	먹으면
좋다	좋으면
듣다	들으면
묻다	물으면
만들다	만들면
길다	길면
춥다	추우면
덥다	더우면

2. 날씨가 추우면
3. 창문을 열면
4. 일찍 퇴근하면
5. 음악을 들으면

◆ 선택의 보조사: -(이)나
◆ 선택의 연결어미: -거나

Ⅰ. 2. 콜라나 주스   3. 설악산이나 제주도   4. 영어나 일어

Ⅱ. 보거나 음악을 듣습니다, 피아노를 치거나 수영합니다, 수영하거나

◆ 출처의 부사격 조사: -에서, -에게서

Ⅰ. 에게서, 에서, 에서, 에서, 에서, 에게서, 에서, 에서, 에서, 에서, 에서

Ⅱ. 1. 에서   2. 에서   3. 에서, 에게서(한테서), 에게서(한테서)   4. 에게서(한테서), 에서
   5. 에서   6. 에서   7. 에게서(한테서)

어휘 (Vocabulary Focus)

날씨

Ⅰ. 2. ④   3. ②   4. ①

Ⅱ. 2. 눈   3. 10월

Ⅲ. 낱말 맞추기

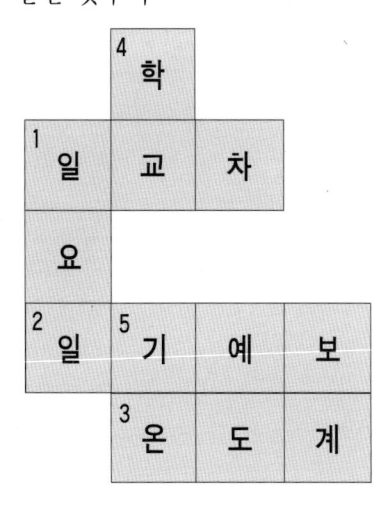

		4학		
1일	교	차		
		요		
2일	5기	예	보	
		3온	도	계

상황 표현 (Function Focus)

물건 찾기

(1)

정보 주기

(1)

제안에 동의하기

(2)

대화 (Sample Dialogs)

Ⅰ. 1. (1) 아니요 (2) 아니요 (3) 네   2. 에서
   3. 비가 오기 때문입니다.   4. 두 번째, 위에

Ⅱ. 1. (1)   2. 수영을 할 겁니다.   3. (1)   4. (2)

Ⅲ. 1. (2)   2. 아니요   3. 아니요   4. 네

제 14 과   사회 생활

문법 및 구조 (Grammar Focus)

◆ **청유의문문:** -(으)ㄹ까요? ◆

◆ **청유문:** -(으)ㅂ시다 ◆

연습

기본형	-(으)ㄹ까요?	-(으)ㅂ시다	-지 맙시다
가다	갈까요?	갑시다	가지 맙시다
보다	볼까요?	봅시다	보지 맙시다
앉다	앉을까요?	앉읍시다	앉지 맙시다
놓다	놓을까요?	놓읍시다	놓지 맙시다
듣다	들을까요?	들읍시다	듣지 맙시다
걷다	걸을까요?	걸읍시다	걷지 맙시다
만들다	만들까요?	만듭시다	만들지 맙시다
열다	열까요?	엽시다	열지 맙시다
돕다	도울까요?	도웁시다	돕지 맙시다
줍다	주울까요?	주웁시다	줍지 맙시다

◆ **접속부사:** 그러니까 ◆

Ⅰ. 2. ④ 김치찌개를 먹읍시다   3. ① 볼링을 칩시다   4. ② 지하철을 탑시다

Ⅱ. 1. 보러 갑시다   2. 마실까요   3. 먹을까요   4. 엽시다

◆ **의무의 보조동사:** -어/아야 하다 ◆

연습

기본형	-어/아야 합니다	기본형	-어/아야 합니다
사용하다	사용해야 합니다	걷다	걸어야 합니다
고치다	고쳐야 합니다	만들다	만들어야 합니다
먹다	먹어야 합니다	팔다	팔아야 합니다
닫다	닫아야 합니다	돕다	도와야 합니다
묻다	물어야 합니다	줍다	주워야 합니다

◆ 부정형 III: -지 않아도 되다 ◆

I. 1. 써야 합니다, 등록해야 합니까 2. 넣어야 해요 3. 공부해야 해요 4. 기다려야 합니까
   5. 예매해야 합니다

II. 2. 오지 않아도 됩니다 3. 예약하지 않아도 됩니다 4. 입지 않아도 됩니다

◆ 접속부사 II: 그러면 ◆

I. 2. 그러면 한식을 먹읍시다 3. 그러면 가축 병원에 맡기세요 4. 그러면 배로 보내세요

II. 그래서, 그러니까, 그러면, 그러니까

어휘 (Vocabulary Focus)

영화

I. 2. 만화 영화 3. 뮤지컬 4. 코미디 영화 5. 공상 과학 영화 6. 서부 영화

II. 2. 대형 할인 매장 3. 4박 5일

III. 낱말 맞추기

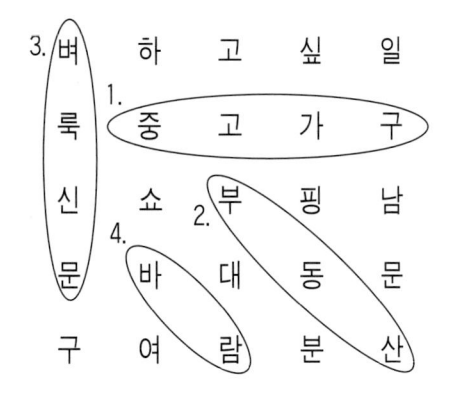

3.벼	하	고	싶	일
룩	1.중	고	가	구
신	쇼	2.부	핑	남
문	4.바	대	동	문
구	여	람	분	산

상황 표현 (Function Focus)

제안하기

1. (2)   2. (1)

상대방 의견에 동의하기

1. (나), (다)   2. (가)

대화 (Sample Dialogs)

I. 1. 네 2. (2) 3. (2) 4. (3)

II. 1. 아니요 2. (2) 3. 한잔 합시다.

III. 1. 네 2. 왜냐 하면 주말에는 경주를 여행하는 사람이 아주 많기 때문입니다. 3. (2)

IV. 1. 네 2. (3)

제 15 과 취미

문법 및 구조 (Grammar Focus)

◆ 동사의 명사형: -기, -는 것 ◆

연습

기본형	-기	-는 것
그리다	그리기	그리는 것
모으다	모으기	모으는 것
먹다	먹기	먹는 것
읽다	읽기	읽는 것
듣다	듣기	듣는 것
걷다	걷기	걷는 것
만들다	만들기	만드는 것
돕다	돕기	돕는 것

I.

	영화 감상	음악 감상	독서	그림 그리기	운동 하기	등산 하기	엽서 모으기	요리 하기	기타
줄리							√		여행하기
제임스		√						√	
스테파노				√	√				
메링	√								민속 인형 모으기

II. 운동하는 것, 음악 듣기, 옷 만들기

◆ **의도의 보조동사: -(으)려고 하다** ◆

연습

기본형	-(으)려고 하다
가다	가려고 하다
읽다	읽으려고 하다
닫다	닫으려고 하다
묻다	물으려고 하다
걷다	걸으려고 하다
팔다	팔려고 하다
살다	살려고 하다
줍다	주우려고 하다
돕다	도우려고 하다

◆ **-(으)려고 했다** ◆

Ⅰ. 2. 다이빙을 하려고 합니다   3. 샤워하려고 합니다   4. 샤워했습니다
5. 던지려고 합니다

Ⅱ. 치려고 해요, 등산가려고 해요, 쇼핑하려고 해요, 쇼핑하려고 해요

Ⅲ. 1

	어렸을 때 꿈	현재 직업	이유
제임스	오페라 가수	대학생	부모님의 반대
안젤라	사회사업가	의대생	*
제니퍼	테니스 선수	소설가	운동 연습이 힘들어서

2. (2) 되려고 합니다   (3) 도우려고 했습니다   (4) 보려고 합니다   (5) 되려고 했지만

Ⅳ. 2. 전화하려고 해요   3. 가려고 하는데, 쉬려고 했어요   4. 사려고 해요
5. 빼려고 했어요, 하려고 해요

어휘 (Vocabulary Focus)

클럽

I. 2. 동호회   3. 가입비   4. 탈퇴합니다

II. 2. 사진   3. 동창

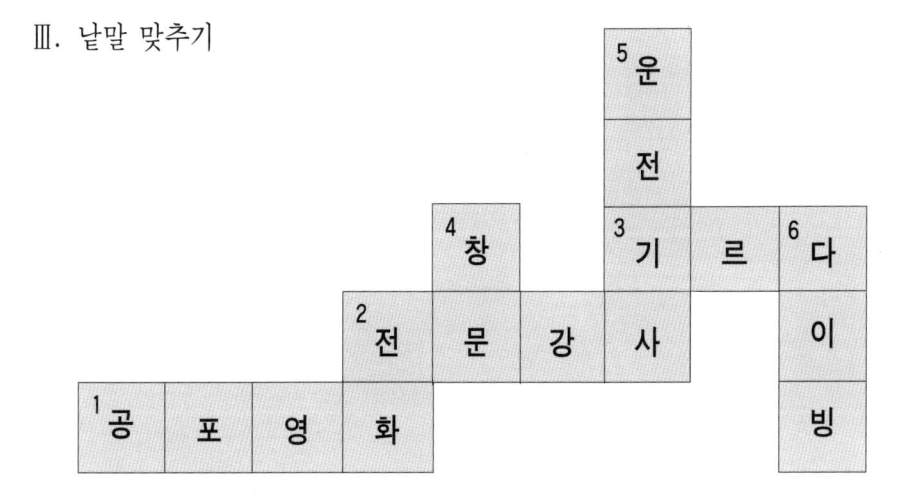

III. 낱말 맞추기

			⁵운		
			전		
	⁴창		³기	르	⁶다
²전	문	강	사		이
¹공	포	영	화		빙

상황 표현 (Function Focus)

느낌 표현하기: 감탄

(1)

상대방 의견에 동의하기

(2)

대화 (Sample Dialogs)

I. 1. 아니요   2. 네   3. 사진찍기   4. 그리기

II. 1. 아니요   2. (3)

III. 1. 네   2. (3)   3. (2)

동사 활용표

				이다	가다	오다	전화하다	그리다	있다
(DECLARATIVES) 평서문	-(스)ㅂ니다	현재 Present	긍정 Affirmative	입니다	갑니다	옵니다	전화합니다	그립니다	있습니다
			부정 Negative	-이/가 아닙니다	안 갑니다 가지 않습니다	안 옵니다 오지 않습니다	전화 안 합니다 전화하지 않습니다	안 그립니다 그리지 않습니다	없습니다
		과거 Past	긍정 Affirmative	였습니다 이었습니다	갔습니다	왔습니다	전화했습니다	그렸습니다	있었습니다
			부정 Negative	-이/가 아니었습니다	안 갔습니다 가지 않았습니다	안 왔습니다 오지 않았습니다	전화 안 했습니다 전화하지 않았습니다	안 그렸습니다 그리지 않았습니다	없었습니다
		미래 Future	긍정 Affirmative	일 겁니다	갈 겁니다	올 겁니다	전화할 겁니다	그릴 겁니다	있을 겁니다
			부정 Negative	-이/가 아닐 겁니다	안 갈 겁니다 가지 않을 겁니다	안 올 겁니다 오지 않을 겁니다	전화 안 할 겁니다 전화하지 않을 겁니다	안 그릴 겁니다 그리지 않을 겁니다	없을 겁니다
	-어/아요	현재 Present	긍정 Affirmative	예요 이에요	가요	와요	전화해요	그려요	있어요
			부정 Negative	-이/가 아니에요	안 가요 가지 않아요	안 와요 오지 않아요	전화 안 해요 전화하지 않아요	안 그려요 그리지 않아요	없어요
		과거 Past	긍정 Affirmative	였어요 이었어요	갔어요	왔어요	전화했어요	그렸어요	있었어요
			부정 Negative	-이/가 아니었어요	안 갔어요 가지 않았어요	안 왔어요 오지 않았어요	전화 안 했어요 전화하지 않았어요	안 그렸어요 그리지 않았어요	없었어요
		미래 Future	긍정 Affirmative	일 거예요	갈 거예요	올 거예요	전화할 거예요	그릴 거예요	있을 거예요
			부정 Negative	-이/가 아닐 거예요	안 갈 거예요 가지 않을 거예요	안 올 거예요 오지 않을 거예요	전화 안 할 거예요 전화하지 않을 거예요	안 그릴 거예요 그리지 않을 거예요	없을 거예요
(IMPERATIVES) 명령문	-(으)세요		긍정 Affirmative	—	가세요	오세요	전화하세요	그리세요	있으세요
			부정 Negative	—	가지 마세요	오지 마세요	전화하지 마세요	그리지 마세요	있지 마세요
	-(으)십시오		긍정 Affirmative	—	가십시오	오십시오	전화하십시오	그리십시오	있으십시오
			부정 Negative	—	가지 마십시오	오지 마십시오	전화하지 마십시오	그리지 마십시오	있지 마십시오
(PROPOSITIVES) 청유문	-(으)ㅂ시다		긍정 Affirmative	—	갑시다	옵시다	전화합시다	그립시다	있읍시다
			부정 Negative	—	가지 맙시다	오지 맙시다	전화하지 맙시다	그리지 맙시다	있지 맙시다
(AUXILIARY VERBS) 보조동사	-고 싶다		긍정 Affirmative	-이고 싶다	가고 싶다	오고 싶다	전화하고 싶다	그리고 싶다	있고 싶다
			부정 Negative	-이고 싶지 않다	가고 싶지 않다	오고 싶지 않다	전화하고 싶지 않다	그리고 싶지 않다	있고 싶지 않다
	-(으)ㄹ 수 있다		긍정 Affirmative	-일 수 있다	갈 수 있다	올 수 있다	전화할 수 있다	그릴 수 있다	있을 수 있다
			부정 Negative	-일 수 없다	갈 수 없다	올 수 없다	전화할 수 없다	그릴 수 없다	있을 수 없다
	-(으)러 가다			—	—	—	전화하러 가다	그리러 가다	—
	-어/아야 하다			여야 하다 이어야 하다	가야 하다	와야 하다	전화해야 하다	그려야 하다	있어야 하다

				앉다	입다	줍다	닫다	듣다	열다	자르다
(DECLARATIVES) 평서문	(스)ㅂ니다	현재 Present	긍정 Affirmative	앉습니다	입습니다	줍습니다	닫습니다	듣습니다	엽니다	자릅니다
			부정 Negative	안 앉습니다 앉지 않습니다	안 입습니다 입지 않습니다	안 줍습니다 줍지 않습니다	안 닫습니다 닫지 않습니다	안 듣습니다 듣지 않습니다	안 엽니다 열지 않습니다	안 자릅니다 자르지 않습니다
		과거 Past	긍정 Affirmative	앉았습니다	입었습니다	주웠습니다	닫았습니다	들었습니다	열었습니다	잘랐습니다
			부정 Negative	안 앉았습니다 앉지 않았습니다	안 입었습니다 입지 않았습니다	안 주웠습니다 줍지 않았습니다	안 닫았습니다 닫지 않았습니다	안 들었습니다 듣지 않았습니다	안 열었습니다 열지 않았습니다	안 잘랐습니다 자르지 않았습니다
		미래 Future	긍정 Affirmative	앉을 겁니다	입을 겁니다	주울 겁니다	닫을 겁니다	들을 겁니다	열 겁니다	자를 겁니다
			부정 Negative	안 앉을 겁니다 앉지 않을 겁니다	안 입을 겁니다 입지 않을 겁니다	안 주울 겁니다 줍지 않을 겁니다	안 닫을 겁니다 닫지 않을 겁니다	안 들을 겁니다 듣지 않을 겁니다	안 열 겁니다 열지 않을 겁니다	안 자를 겁니다 자르지 않을 겁니다
	-어/아요	현재 Present	긍정 Affirmative	앉아요	입어요	주워요	닫아요	들어요	열어요	잘라요
			부정 Negative	안 앉아요 앉지 않아요	안 입어요 입지 않아요	안 주워요 줍지 않아요	안 닫아요 닫지 않아요	안 들어요 듣지 않아요	안 열어요 열지 않아요	안 잘라요 자르지 않아요
		과거 Past	긍정 Affirmative	앉았어요	입었어요	주웠어요	닫았어요	들었어요	열었어요	잘랐어요
			부정 Negative	안 앉았어요 앉지 않았어요	안 입었어요 입지 않았어요	안 주웠어요 줍지 않았어요	안 닫았어요 닫지 않았어요	안 들었어요 듣지 않았어요	안 열었어요 열지 않았어요	안 잘랐어요 자르지 않았어요
		미래 Future	긍정 Affirmative	앉을 거예요	입을 거예요	주울 거예요	닫을 거예요	들을 거예요	열 거예요	자를 거예요
			부정 Negative	안 앉을 거예요 앉지 않을 거예요	안 입을 거예요 입지 않을 거예요	안 주울 거예요 줍지 않을 거예요	안 닫을 거예요 닫지 않을 거예요	안 들을 거예요 듣지 않을 거예요	안 열 거예요 열지 않을 거예요	안 자를 거예요 자르지 않을 거예요
(IMPERATIVES) 명령문	-(으)세요		긍정 Affirmative	앉으세요	입으세요	주우세요	닫으세요	들으세요	여세요	자르세요
			부정 Negative	앉지 마세요	입지 마세요	줍지 마세요	닫지 마세요	듣지 마세요	열지 마세요	자르지 마세요
	-(으)십시오		긍정 Affirmative	앉으십시오	입으십시오	주우십시오	닫으십시오	들으십시오	여십시오	자르십시오
			부정 Negative	앉지 마십시오	입지 마십시오	줍지 마십시오	닫지 마십시오	듣지 마십시오	열지 마십시오	자르지 마십시오
(PROPOSITIVES) 청유문	-(으)ㅂ시다		긍정 Affirmative	앉읍시다	입읍시다	주웁시다	닫읍시다	들읍시다	엽시다	자릅시다
			부정 Negative	앉지 맙시다	입지 맙시다	줍지 맙시다	닫지 맙시다	듣지 맙시다	열지 맙시다	자르지 맙시다
(AUXILIARY VERBS) 보조동사	-고 싶다		긍정 Affirmative	앉고 싶다	입고 싶다	줍고 싶다	닫고 싶다	듣고 싶다	열고 싶다	자르고 싶다
			부정 Negative	앉고 싶지 않다	입고 싶지 않다	줍고 싶지 않다	닫고 싶지 않다	듣고 싶지 않다	열고 싶지 않다	자르고 싶지 않다
	-(으)ㄹ 수 있다		긍정 Affirmative	앉을 수 있다	입을 수 있다	주울 수 있다	닫을 수 있다	들을 수 있다	열 수 있다	자를 수 있다
			부정 Negative	앉을 수 없다	입을 수 없다	주울 수 없다	닫을 수 없다	들을 수 없다	열 수 없다	자를 수 없다
	-(으)러 가다			앉으러 가다	입으러 가다	주우러 가다	닫으러 가다	들으러 가다	열러 가다	자르러 가다
	-어/아야 하다			앉아야 하다	입어야 하다	주워야 하다	닫아야 하다	들어야 하다	열어야 하다	잘라야 하다

교재 위원

현 윤 호
이화여자대학교 독어독문학과 박사
이화여자대학교 언어교육원 교수
교재위원회 위원장

이 미 혜
이화여자대학교 국어국문학과 박사
이화여자대학교 언어교육원 교수

안 성 희
이화여자대학교 국어국문학과 석사
전 이화여자대학교 언어교육원 전임강사

김 현 진
이화여자대학교 독어독문학과 박사
이화여자대학교 언어교육원 전임강사

배 윤 경
한국외국어대학교 독어독문학과 박사 수료
전 이화여자대학교 언어교육원 강사

말이 트이는 한국어 1

펴낸날:	제1판 제1쇄 1999년 3월 30일
	제8쇄 2006년 7월 28일
지은이:	이화여자대학교 언어교육원
펴낸이:	김용숙
펴낸곳:	이화여자대학교출판부
주소:	서울특별시 서대문구 대현동 11-1 우편번호 120-750
등록:	1954년 7월 6일 제9-61호
전화번호:	(02)3277-3164, (02)362-6076
팩시밀리:	(02)312-4312
E-mail:	press@ewha.ac.kr
인터넷서점:	www.ewhapress.com

ISBN 89-7300-371-2 14710
ISBN 89-7300-456-5 18710 (영어세트)
ISBN 89-7300-458-1 18710 (일어세트)

값 10,000원

ⓒ 이화여자대학교출판부, 이화여자대학교 언어교육원, 1999

이 책의 저작권은 이화여자대학교출판부와 이화여자대학교 언어교육원이 가지고 있으며, 저작권자의 허락 없이 이 책의 어느 부분도 인쇄·복제 등 기타 판권 소유에 위배되는 행위를 할 수 없습니다.

· 잘못된 책은 바꾸어 드립니다.